LETTRES D'UN VOYAGEUR.

SECONDE PARTIE.

LETTRES
D'UN
VOYAGEUR.

Les voyages sont bons, non pour rapporter seulement combien de pas à Sancta-Rotonda, ou la richesse des caleçons de la signora Livia, mais pour frotter et limer notre cervelle contre celle d'autrui.

Montaigne.

SECONDE PARTIE.

A AMSTERDAM,

Et se trouve à PARIS,

Chez DE BURE l'aîné, Libraire de la Bibliotheque du Roi et de l'Académie Royale des Inscriptions et Belles-Lettres, hôtel Ferrand, rue Serpente, N°. 6.

1788.

LETTRES D'UN VOYAGEUR.

LETTRE XIV.

Guingamp, ce...

VOUS voulez, monsieur, que je continue à vous écrire ? J'obéis de tout mon cœur. Mais, vous connoissez ma maniere ; vous savez que s'il est des choses sur lesquelles j'aime à passer légèrement, il en est d'autres sur lesquelles je me plais à laisser courir mon esprit. Vous savez aussi que vous ne devez attendre de moi qu'un récit très-simple, & des réflexions plus simples encore. Je vous parlerai en observateur impartial, trop paresseux pour vouloir se donner la peine de vous tromper ; trop ennemi de l'art pour mettre beaucoup de méthode dans ses narrations.

En attendant mieux, vous me demandez des détails sur la Bretagne, que vous ne connoissez pas. Je vais, autant qu'il sera en moi, vous satisfaire à cet égard, et vous donner mes observations à mesure que je les ferai.

La Bretagne offre, en général, le coup-d'œil d'une vaste forêt, coupée par des clairières qu'occupent des hameaux, des fermes, des chaumières isolées. Mais ce qui sur-tout contribue à lui donner un air agreste et sauvage, c'est qu'il n'y a point de champ, quelque borné qu'il puisse être, qui ne soit ceint d'une haie vive, plantée dans une espèce de parapet garni d'arbres, dont les cîmes, en se confondant à la vue, cachent, à une certaine distance, l'intervalle qui les sépare.

Cette manière de s'enclore, qui ôte nécessairement à la culture une partie des meilleures terres, et que l'on attribue à la nécessité d'avoir du bois; (parce que les hommes conviennent rarement de leurs sottises, et s'en corrigent plus rarement encore :) cet usage doit, sans doute, son origine au défaut de loix et de police, des premiers peuples qui se fixerent dans cette partie de la France, appelée autrefois *l'Armorique*. Après s'être établi par la force, il fallut bien songer à défendre de même des terres conquises, et dont aucune loi, que celle du plus fort, ne légitimoit la possession, et ne fixoit les limites, *car le plus fort n'est jamais assez fort pour être toujours le maître, s'il ne transforme sa force en droit* (1). Pour avoir du bois, il eut suffi de planter des forêts dans les terres les

(1) Contrat social, page 6.

moins propres à la culture, ou de conserver celles qui existoient déjà. Mais, pour protéger son établissement contre les usurpations d'un voisin; pour lui donner l'air d'une possession légitime, pour justifier le fond par la forme; il fallut l'entourer d'un rempart, le garantir par un fossé, et si, par la suite, on y planta des arbres, c'est que, sans vouloir renoncer à un usage abusif, mais sacré, parce qu'on le tenoit de ses pères, on essaya d'en tirer au moins quelque parti. C'est donc à ce procédé qu'il faut attribuer l'origine du droit de *premier occupant*, devenu, chez les armoriques, une loi générale; et ce ne seroit ni la première, ni la seule fois que des usages absurdes se fussent changés en loix respectables. Presque toutes celles qui reglent aujourd'hui les droits de la société, ne sont de même fondées que sur les

coutumes barbares de nos pères. « Mal-
» gré tous les travaux des plus sages
» législateurs, l'état politique demeura
» toujours imparfait, parce qu'il étoit
» l'ouvrage du hasard, et que, mal
» commencé, le tems en découvrant
» les défauts, et suggérant les remèdes,
» ne put jamais réparer les vices de la
» constitution; on raccommodoit sans
» cesse, au lieu qu'il eût fallu com-
» mencer par nétoyer l'aire, et écarter
» tous les vieux matériaux » (1). *Considérez la forme de cette justice qui nous régit*, dit Montaigne; *c'est un vrai témoignage de l'humaine imbécillité*. Savoir lequel seroit le plus avantageux pour nous, ou de ne suivre que les loix de la simple nature, ou de consulter, de prendre pour guide

---

(1) Origine de l'inégalité parmi les hommes, page 78.

çet amas informe, indigéré et contradictoire *d'usages*, de *coutumes*, de prétendues *loix*, recueillies au hasard, entassées sans ordre, et qui ne suffisent pas même à garantir la propriété des biens, et le repos de la vie, est un de ces problêmes que la philosophie a résolu depuis long-tems :

> Les si, les car, les contrats sont la porte
> Par où la noise entra dans l'univers ;

dit le sage la Fontaine, et il n'a que trop raison (1), puisqu'il est prouvé

---

(1) Cet homme avoit la tête si bien organisée pour la morale, que, même ses ouvrages les plus gais, les plus libres, fourmillent de maximes d'une profondeur, d'une sagesse, d'une vérité qui étonne. Il y a plus de bonne philosophie dans ses contes, que dans bien des traités philosophiques. Cependant, voyez la note que j'ai rejettée à la fin de cet ouvrage, à cause de son étendue.

que la plupart de nos loix sont bien plus l'ouvrage que le frein des passions, car il est tout simple que l'autorité qui les a faites ait sacrifié l'intérêt de la multitude au sien, et que le puissant qui n'a jamais regardé sa force que comme le plus cher attribut de sa dignité, se soit peu soucié de la faire tourner à l'avantage du foible.

Il seroit difficile, monsieur, de décider quels furent les premiers habitans de la Bretagne, et si, avant l'arrivée des *Celtes*, elle étoit, ainsi que le prétendent quelques historiens, un repaire d'animaux sauvages. Quoi qu'il en soit, ce sont les *Celtes* qui, les premiers, s'y établirent en plusieurs corps de nation, d'abord sous le gouvernement paternel, formant ensuite des *cités*, ou associations d'un certain nombre de familles, présidées par un sénat, et réduits enfin à la condition de sujets de l'empire romain par les armes de Jules-César.

Ce fut sous le gouvernement paternel, que les armoriques peuplèrent l'Angleterre, et lui donnerent leur nom. Ayant, par la suite, enlevé aux carthaginois le commerce de cette île, et d'une grande partie du continent, ils s'élevèrent, sous l'administration des cités, à un très-haut degré de puissance et de richesse. C'est avec les trésors que César trouva à *Dariorigum* (1), qu'il corrompit et subjugua sa patrie, et c'est ainsi que Rome puisoit, dans le sein même de ses conquêtes, le germe de sa destruction. Exemple à jamais instructif pour toute puissance qui sera dominée par la fureur de conquérir.

---

(1) Son emplacement, près de Vannes, est aujourd'hui couvert par les eaux de la mer.

LETTRE XV.

Guingamp, ce....

LES mouvemens et les troubles qui agitèrent l'Angleterre, ou Grande-Bretagne, pendant les troisième ou quatrième siècles, forcèrent un grand nombre de ses habitans à s'expatrier. Ils vinrent, sous les auspices de *Constance Chlore*, s'établir en Armorique, et rentrerent ainsi dans le berceau de leurs pères. Du nombre de ces émigrans étoit *Conan*, prince d'Ecosse. *Maxime*, usurpateur du trône impérial, et auquel *Conan* avoit rendu quelques-uns de ces services que les ambitieux ne se refusent guère, pour l'en récompenser, le créa roi de l'Armorique, mais roi tributaire, titre que lui conserva *Théodose*, et qu'il transmit à sa postérité, avec plus de gloire qu'il ne l'avoit reçu.

Cependant, vers le commencement du cinquième siècle, les Armoriques, encouragés et fortifiés par les nouvelles colonies qui abandonnoient successivement l'Angleterre, secouent le joug des romains, chassent de leurs frontières les magistrats de l'empire, reprennent, toujours sous l'autorité de ce même *Conan*, qui déterminoit la révolution, leurs premières loix, et concluent, l'an 419, avec leurs anciens maîtres, un traité d'alliance, qui assure, pour long-tems, leur liberté, et pour toujours leur indépendance de l'empire romain.

Ce fut sous le règne de *Budic*, leur septième roi, que *Clovis* se lia avec les bretons par un traité qui acheva d'expulser les romains du reste de la Gaule, et fixa, momentanément, les limites de l'empire françois et armorique. Le président Hénaut, fondé sur un passage de Grégoire de Tours, prétend que les armoriques, qui commençoient à prendre le nom de *bretons*, s'étoient donnés à *Clovis*; que, depuis lors, ils avoient toujours été sous la puissance des françois, et que leurs chefs étoient appelés *comtes* et non *rois*. Quelque vénérable que soit le témoignage de Grégoire, comme il est contredit par le reste des historiens, et qu'il n'est pas vraisemblable que la Bretagne ne secoua le joug de Rome que pour troquer de fers, et se ranger sous celui du barbare *Clovis*, on peut croire qu'elle conserva son indépendance et ses rois, jusqu'au moment où, subjuguée par Charles-le-Grand (1), en 783, ses souverains

(1) Les uns le nomment *Charlemagne*, d'autres *Charles-magne*, d'autres *Charles-le-magne*, tout cela du latin *Carolus-Ma-*

furent obligés de se contenter du titre de *comte*, *comès*, ou *commis*. Ce sentiment est d'autant plus fondé, que, sous Charles-le-Chauve, *Nomenoé*, institué duc de Bretagne par Louis-le-Débonnaire, profita des troubles qui agitoient la France, pour reprendre le titre de roi, que ses successeurs ont vraisemblablement conservé, jusques vers le tems où Charles-le-Simple, cédant à *Rollon* ou *Rollo*, premier duc de Normandie, ses droits quelconques sur la Bretagne, elle devint un arrière-fief de la couronne, puisque ce ne fut qu'en 1297, que Philippe-le-Beau l'érigea en duché-pairie en faveur de Jean II.

---

gnus. Magnus ou non, il est clair qu'il faut écrire *Charles-le-Grand* en françois, ainsi que *Philippe-le-Beau*, au lieu de *Philippe-le-Bel*, et ainsi de vingt autres que nous défigurons à plaisir.

Depuis ce moment la constitution de la Bretagne ne changea plus, et cette province, gouvernée par ses ducs, tantôt soumis, tantôt rebelles, fut réunie pour jamais au royaume, par le mariage d'*Anne de Bretagne* avec Charles VIII, et ensuite avec Louis XII qui fut assez heureux pour accorder en cela sa politique avec son amour.

Si ce coup-d'œil rapide sur la Bretagne, et les révolutions de son gouvernement vous a ennuyé, vous conviendrez au moins que ce n'est pas tout-à-fait de ma faute, car je l'ai abrégé autant qu'il m'a été possible. Il entre d'ailleurs dans nos conventions que vous me jugerez avec indulgence. Je crains donc d'autant moins d'abuser de la vôtre, qu'elle est, comme vous le savez, un des attributs les plus aimables de la supériorité.

LETTRE XVI.

Guingamp, ce....

CE que la Bretagne, et sur-tout la Basse-Bretagne offre de plus singulier; monsieur, c'est sa langue, le fameux bas-breton, que des grammairiens savans prétendent être l'ancien celtique; et qui n'a rien de commun avec aucun des idiomes du reste de la France. Dieu me garde de répéter ici tout ce qui a été dit à ce sujet. Je me borne à deux remarques : la première, c'est que le bas-breton réunit à un accent absolument étranger, une grande quantité de mots allemans, danois, anglois, etc. toutes langues dérivées du celtique. Ma seconde observation, c'est qu'une partie des écossois, de même que les gallois, parlent à peu de chose près la même langue que les habitans de la Basse-Bretagne (1), et cette analogie n'est pas la seule ; il en existe une pareille entre les mœurs, les usages, les loix de ces différens peuples, d'où je conclus qu'aux altérations près, que le temps et le mélange ont dû y causer, on ne sauroit douter que le bas-breton ne soit, sinon le vrai celtique, du moins la même langue que parloient les peuples qui, au rapport de *Jornandès* (2), vinrent s'établir dans

---

(1) Voici quelque chose de mieux, c'est que plusieurs nations de l'Amérique, celles entr'autres qui habitent les bords du Missouri, parlent le gallois. Ces peuples, extraordinairement blancs, sont braves et intrépides, et conservent des parchemins écrits en caractères bleus, que ni eux ni aucun européen n'ont encore pu déchiffrer. *Voyez l'histoire de Kentucke, pages 226 et 227.*

(2) Ce Jornandès, goth de nation, et qui vivoit dans le sixième siècle, a laissé deux

la Bretagne du fond du nord, que cet auteur appelle *la fabrique du genre humain*, tandis qu'un écrivain moderne dispute au nord sa fécondité, et affirme que non-seulement *le nord n'a jamais été trop peuplé*, mais encore que les femmes y sont moins fécondes qu'ailleurs; assertion démentie par le témoignage de tout ce qui a des yeux pour voir, et des oreilles pour entendre. Mais, dira-t-on, d'où vient donc, si cela est, que l'on ne voit plus de ces prodigieuses émigrations, à la faveur desquelles on veut que les habitans du nord aient inondé l'Europe et l'Asie? Pourquoi la pépinière cesse-t-elle de couvrir la terre de ses rejettons? A ces

---

ouvrages, l'un intitulé : *De rebus gothicis*, l'autre : *De origine mundi, de rerum et temporum successione.* Montesquieu paroît le citer avec confiance.

deux questions, je ferai trois réponses; 1°. que c'est précisément parce que le nord a beaucoup fourni, qu'il ne fournit plus tant; 2°. que le commerce n'ayant encore ouvert à ses peuples que les moindres des nombreux canaux de communication qui lient les différentes parties du monde, ils restoient jadis plus particulièrement attachés à leur sol qu'ils ne le sont aujourd'hui; 3°. que, pasteurs et chasseurs, ils n'avoient pas encore reçu, avec le luxe dépopulateur et les fléaux qu'il entraîne, le germe empoisonné qui dévaste tous les états. Si ces raisons ne suffisent pas, je renvoie les incrédules à la réponse du *spectateur anglois*, au chevalier *Guillaume Temple* qui demandoit aussi pourquoi le nord avoit cessé de nous envoyer ses nombreux essains de goths et de vandales : *Si cet illustre auteur*, dit le Socrate moderne, *eut pris garde qu'il n'y avoit pas alors d'étudians en médecine entre les sujets de Thor et de Woden, et que cette science fleurit aujourd'hui dans le nord, il auroit pu donner une meilleure solution de cette difficulté* (1).

Il me semble, monsieur, qu'en fait de discussions de ce genre, il seroit assez raisonnable de juger de la possibilité d'un fait ancien, par la vérité d'un fait moderne et semblable. Je suppose donc que, privé des ressources de l'histoire authentique du tems, un auteur turc ou égyptien dise aujourd'hui à ses compatriotes, qu'à différentes époques, il leur est arrivé du nord et de l'ouest de l'Europe, sous le nom de *croisés*, plus de cinq millions de ses habitans : que feroient les *temples* égyptiens et turcs ? Ils citeroient la

(1) Spectateur, t. 1, page 122.

population actuelle de la chrétienté, comme une preuve subsistante de l'impossibilité des croisades, et forts de cette conséquence, nieroient la possibilité du principe. Mais je reviens à mes bretons.

Vous comprenez qu'un peuple qui, au milieu de tant de révolutions, a gardé la même langue, doit aussi avoir conservé beaucoup de ses anciens usages. Peu de jours après mon arrivée ici, je fus témoin d'une danse du peuple, laquelle me parut aussi ancienne, aussi originale que son langage. Ils ne connoissent ni violons, ni basses, ni hautbois. Deux musettes, accompagnées d'un tambourin, composent le champêtre orchestre. J'ai distingué deux airs très-simples, un peu tristes, et d'une mélodie agréable et douce. Leur première danse, car ils en ont deux aussi, est un rondeau, qu'ils brisent pour figurer deux à deux, et qu'ils reprennent après un certain nombre de mesures. La seconde ne diffère de la première, qu'en ce que, après avoir figuré ensemble, au lieu de se reprendre par la main, ils font un rond en promenade, et en se tenant sous le bras. Leurs pas sont aussi simples que leurs airs. Ils ne font que raser la terre, et exécutent leurs mouvemens avec beaucoup d'ensemble, avec cette grace naïve et touchante qui ne doit rien à l'art, et qui, jointe au son agreste de leur rustique musette, forme un spectacle, que l'on ne voit point, sans se rappeler avec attendrissement l'innocence et la candeur des premiers âges.

O, jours de l'âge d'or, jours heureux, mœurs champêtres !
L'homme étoit sans tyrans, les animaux sans maîtres,

L'airain n'assembloit pas des soldats furieux ;
Et l'homicide acier, et l'or impérieux
N'avoient ni ravagé ni corrompu la terre (1) ;

Observez, que le rondeau est la danse de tous les peuples qui ne sont point encore parvenus à un certain degré de corruption. Ce cercle, dont la chaîne fraternelle unit les hommes, ne vous rappelle-t-il pas les sentimens d'égalité, de bienveillance, de concorde qui furent les premiers liens de la société ? Qu'ils étoient doux et légers, avant que les calculs de l'intérêt leur eussent substitué les chaînes pesantes qui nous écrasent aujourd'hui ! Je tressaille encore de joie au seul souvenir des danses vives et gaies, des plaisirs purs que je partageois avec les amis de mon heureuse enfance....

(1) Géorgiques, livre 2.

Hélas, nos plus beaux jours s'envolent les premiers !

Le vêtement des bretons est, en général, le même que celui du peuple dans le reste de la France. Je dis en général, parce que, dans tel canton, j'ai vu les hommes couverts d'une peau de loup, de chèvre, ou de mouton ; dans tel autre, j'en ai vu coiffés de chapeaux de paille joliment ornés ; enfin, j'en ai encore vu avec de ces larges culottes, telles que les paysans les portent encore dans une grande partie de l'Allemagne et de la Suisse. Les hommes ont tous les cheveux épars le long du visage, ce qui, joint à leur barbe, qu'ils ne font pas souvent, leur donne un air sinistre et patibulaire. Semblables aux farouches habitans des forêts de l'Etna, *horridi aspectu*, leur vue inspire une espèce d'effroi.... Il est donç vrai que les hommes sont devenus si méchans, qu'ils ont besoin de s'éloigner de la nature pour le paroître moins !

Dans le nombre des usages que les bretons ont conservés, en voici deux assez curieux.

La coutume des anciens peuples du nord étoit de compter par nuits et non par jours. De-là le breton a conservé l'habitude de dire *anuit* pour aujourd'hui, usage qui remonte jusqu'à la création du monde, puisque Dieu même, et les premiers hommes, d'après lui, comptèrent la durée des journées du commencement de la première nuit au commencement de la seconde (1).

Vous connoissez, peut-être, la cérémonie du *gui-de-chêne*, qu'au premier jour de l'an un druide coupoit avec une serpette d'or, et qu'il enve-

(1) Voyez la Genèse, chap. 1, verset 2.

loppoit ensuite, avec beaucoup de pompe et de grimaces, dans un linge blanc consacré à cet usage. Quoique cette cérémonie soit proscrite depuis près de deux mille ans, les enfans demandent encore leurs étrennes, en criant : *a-gui-l'an-neuf* !

Second usage, d'un autre genre, et qui prouve combien les vieilles sottises sont difficiles à abolir.

L'évêque de Saint-Brieux est seigneur temporel des deux tiers de la ville. Au coin d'une des rues principales, est une maison sur laquelle il a un droit de douze deniers. Tous les ans, à la fête de Saint-Jean-le-baptiseur, le propriétaire de cette maison sort de chez lui à l'heure des vêpres, et vêtu de son meilleur habit. Il est armé d'un bâton blanc avec lequel il frappe, par trois fois, le ruisseau boueux qui passe devant sa porte, en disant les deux premières : *Paix, grenouilles ! monseigneur dort ;* et à la troisième fois ; *Taisez-vous, grenouilles ! laissez dormir monseigneur.*

Je veux croire, monsieur, que nos pères étoient de bonnes gens ; meilleurs que nous, au moins. Mais disons aussi qu'ils avoient des idées bien droles. Il n'y a pas fort long-tems que j'ai encore vu à Metz, un maréchal de France, un parlement, une garnison de quinze mille hommes, et tout ce qui s'ensuit, assister *in fiochi* à la brûlure de quelques chats, réputés sorciers. J'ai encore vu, et dans cette même ville, tout un clergé porter processionnellement une figure de bois, nommée *le grauly* ; parcourir avec lui les principales rues, et s'arrêter devant les boutiques des boulangers, tenus à lui jetter dans la gueule, que l'on avoit eu grand soin de lui faire effroyable, un pain d'une forme et d'un poids déterminés. Convenez donc que, si de pareilles absurdités nous étoient contées par *Herodote*, nous dirions tous que le bon-homme *Herodote* radotte. *Qui fagotteroit suffisamment un amas des âneries de l'humaine sapience, diroit merveilles* (1). Il ne faut pas s'étonner que de pareilles sottises aient pris naissance sous le règne de la superstition ; mais il me semble que nous devrions en agir avec les usages absurdes, comme les femmes avec leurs colifichets. Quand ils cessent d'être à la mode, elles s'en défont pour en adopter d'autres. Qu'elles ne croyent pas qu'en disant cela, je veuille envelopper un trait de satyre d'une réflexion morale. Je suis loin de blâmer chez les femmes leur goût pour la parure. Le soin avec lequel nous cherchons tous à

(1) Montaigne, t. 5, page 152.

nous placer dans le point-de-vue le plus avantageux, n'est que l'effet d'un instinct naturel. Si la coquetterie du sentiment est une hypocrisie odieuse, celle de la figure peut être tolérée, quand on réunit à la jeunesse et aux graces un cœur sensible et bienfaisant. Le besoin de plaire tient à celui d'aimer. Cest une loi de la nature, une loi que la plus simple bergère connoît tout aussi bien que la plus belle dame. Voyez la grave et modeste antiquité, dorer les cornes des victimes qu'elle offroit à ses dieux; les couronner de fleurs, les orner de bandelettes colorées, et rendre ainsi, jusques dans les horreurs d'un sacrifice pieux et barbare, un hommage public et sacré au pouvoir qu'exerça toujours la beauté.

Voilà encore une digression, j'en suis fâché pour les loix de la forme et du style épistolaire. Mais consolez-vous ; je pars demain pour Brest, d'où je vous écrirai plus méthodiquement.

LETTRE XVII.

Brest, ce....

LES différens rapports de toutes les personnes de votre connoissance qui sont venues ici, doivent, monsieur, vous avoir donné une trop juste idée du local, pour qu'il soit nécessaire que je vous en parle. Il n'y a pas jusqu'aux plus jolies femmes de la cour et de Paris, qui n'ayent cru devoir manifester leur amour pour la patrie et la gloire de ses héros, en se donnant le plaisir de venir contempler, sur les lieux, l'appareil imposant de la guerre. Il étoit réservé à ce siècle, singulièrement philosophe, de nous offrir un spectacle, dont les tems fabuleux nous donnent à peine une idée : celui de *Vénus* assistant à la toilette de *Mars*. Quoique l'usage paroisse interdire aux femmes toute espèce de connoissances militaires ; j'aime à voir les vôtres s'excepter en cela, comme en tant d'autres choses, de la loi générale. *Cornélie* s'illustra par son patriotisme ; la belle et sage *Minerve* porta le casque et le bouclier ; et si la belle et moins sage *Vénus* avoit aussi bien entendu la tactique de la guerre que celle de l'amour, peut être le fougueux *Diomède* n'eût-il jamais pu se vanter de la blessure qu'il lui fit.

Je n'ai point trouvé la ville de Brest aussi vilaine que l'on me l'avoit dit. Quant au port, il est beau, mais il n'a ni la propreté, ni la magnificence de celui de Toulon. Quoique moins exposé aux vents, il a deux grands défauts, l'un d'être trop encaissé, ce qui gêne la circulation de l'air, et vieillit de bonne-heure les vaisseaux; l'autre d'être trop étroit, ce qui les empêche de s'y mouvoir aisément. Quant aux édifices qui renferment les arsenaux, les magasins, les corderies, les forges, etc. le défaut même de leur position en amphithéâtre, leur donne un aspect plus imposant ; mais il gène aussi la main-d'œuvre, nuit à l'activité, et retarde le transport des matériaux.

Vis-à-vis de la ville, et de l'autre côté du port, sur le sommet d'un rocher qui le domine, est assis l'humble et tranquille hospice des capucins. Environné d'ombrages et de jardins, il offre à la vue, et plus encore à la réflexion, le plus frappant contraste avec le port, où les cris des ouvriers, le tintamare des forges, le cliquetis des chaînes du galérien, le retentissement prolongé du marteau et de la hache, forment un tapage, digne du dieu des armées ; tandis que, près de-là, le paisible franciscain, tantôt murmure, à voix basse, les vœux qu'il adresse au dieu de clémence et de paix ; tantôt froidement assis à l'ombre de ses bosquets, promène ses regards indifférens sur l'appareil du meurtre et des combats. Hier, après avoir passé cinq heures dans le port, je gagnai l'asile des bons-pères. Quelle brusque transition ! C'est-là que je sentis, mieux que jamais, combien il y a de folie à chercher le bonheur autre part que dans la paix. Je crus voir cette éternelle vérité écrite sur tous les objets qui m'environnoient, et je répétai mentalement cette brusque apostrophe à notre folle et méchante espèce : *Race, indigne du ciel et de la terre, être destructeur et tyrannique, homme ou démon, ne cesseras-tu point de tourmenter ce globe où tu ne vis qu'un moment* (1) !

Comme cette lettre sera la dernière que je vous écrirai de ce pays-ci, il faut que je vous dise encore un mot sur le caractère général de ses habitans. Je crois vous avoir parlé de leur malpropreté, ajoutez-y l'ivrognerie, une superstition grossière, une dureté de tête indomptable, et vous aurez le tableau de leurs vices. Du reste, ils sont braves, laborieux, plus honnêtes qu'il n'appartient à des sauvages, et francs comme des hommes que le luxe et la mollesse n'ont pas encore corrompus. Leurs vices et leurs vertus sont ceux des nations long-tems soumises à l'absurde esclavage du gouvernement, ou plutôt du brigandage féodal.

---

(1) Histoire philosophique et politique, t. 4, liv. 9, page 415.

Les

Les bretons qui habitent les bords de la mer, plus pauvres et moins policés que les autres, ont coutume, lorsque, pendant le jour, ils ont vu un navire battu par le mauvais tems, de suspendre une lanterne au cou d'une vache ou de quelqu'autre animal. Dès que la nuit est venue, ils l'attachent vis-à-vis d'un écueil. Le navire, trompé par cette lueur, qu'il prend pour la lumière de quelque habitation, arrive, échoue ou se brise, et est ensuite pillé par les habitans.

Croyez-vous, monsieur, que ces malheureux eussent jamais eu recours à de semblables ressources, si l'oppression et la misère, qui en est la suite, ne leur en avoient fait autrefois une longue et cruelle habitude? Ce qu'il y a de plus triste, c'est qu'il existe encore, dans ce pays-ci, des loix qui seront un obstacle éternel à la félicité publique.

Si, par exemple, dans tel canton, le champ et la demeure d'un vassal conviennent aux projets d'arrondissement du seigneur, lorsque ce seigneur est un homme personnel et dur, comme on en voit beaucoup, il mande ses experts, fait estimer le bien qu'il veut acquérir, paie, et chasse impitoyablement le malheureux propriétaire de ses foyers.

Sans doute qu'il est de la justice comme de l'intérêt du souverain de récompenser, dans la noblesse de ses états, les services distingués qu'elle est souvent dans le cas de lui rendre. C'est pour cela que sont faits, et les distinctions attachées à la naissance, et les charges honorables de l'état, et les grades militaires, et les secours du trésor, et les amorces séductrices de la faveur, et les dignités ecclésiastiques, et la confiance honorable du Prince. Mais, que les ducs de Bretagne aient payé le sang de la noblesse avec la sueur et les larmes du peuple ; mais qu'ils aient pris sur l'indispensable nécessaire de ce peuple généreux, pour fournir au luxe déprédateur des grands ; mais, qu'ils aient écrasé la foule, pour élever sur sa tête quelques idoles passagères ; qu'ils aient fait consister le privilége des services rendus dans le privilége odieux d'appauvrir, d'enchaîner dans la misère, la plus estimable, la plus saine, la plus nombreuse, et la plus utile portion de l'humanité !.... ah ! c'étoit établir la prééminence et les droits de l'orgueil sur une base aussi cruelle qu'oppressive !

Adieu, monsieur ; je vais d'ici gagner la Rochelle, et de-là l'île d'Oleron, où je compte m'embarquer de nouveau pour le cap de Bonne-Espérance.

LETTRE XVIII.

La Rochelle, ce....

JE vous fais grace, monsieur, du récit de mon voyage, ou plutôt de ma course. Le détour auquel j'ai été forcé ayant allongé de beaucoup mon chemin, je n'ai pu m'arrêter nulle part qu'à Orléans, où j'ai profité de quelques heures de repos, pour faire ma cour à la fameuse Pucelle, qui, malgré toute sa célébrité, n'a point à s'en orgueillir du monument que la reconnoissance des françois lui a érigé. Je ne sais si je me trompe, mais il me semble que nous sommes aujourd'hui bien tièdes pour la mémoire de ceux qui ont rendu de grands services à la patrie. Les demi-dieux de nos empires sont, chaque jour, foulés aux pieds, par le manant qui va défiler son rosaire devant la niche de quelque saint obscur, et cela me rappelle que j'ai vu autrefois le héros *sans peur et sans reproche*, le grand et vertueux Bayard, platement inhumé sous une pierre, qui contient à peine une épitaphe inlisible. Cette manière de traiter les morts, n'est pas encourageante pour les vivans; aussi finirons-nous par prendre pour devise ce vers du fabuliste :

> Mieux vaut goujat debout qu'empereur enterré.

Le reste de ma route a été traversé par plusieurs accidens qui m'ont beaucoup retardé, et que j'aurois évités si j'avois voulu aller moins vîte, ce qui m'a fait faire de bonnes réflexions sur les anciens, qui ne couroient point la poste, et qui, lorsqu'ils avoient un trajet à faire, mesuroient le tems à employer, sur la distance à parcourir.

Cela étoit un peu plus sage que notre manière de courir jour et nuit, pour arriver toujours trop tôt, ou trop tard. Un inutile colonel en second, fait aujourd'hui, en trois jours, le même trajet que César employoit trois semaines à faire. Mais, César observoit les lieux par où il passoit, et, du haut de sa litière, dirigeoit, en idée, les opérations d'une armée, tandis que le colonel inutile, tombe sur son régiment, la tête tout aussi vuide qu'il l'avoit au moment où il sortit de l'opéra pour monter dans sa *dormeuse*.

J'arrivai ici le 30 du mois dernier, et, après deux jours de repos, je m'embarquai pour Oleron. Je sortis du port avec la marée et un foible vent de nord-est; mon projet étoit de voir, en passant, le navire destiné à notre transport, mais le vent ayant molli, je remis la visite à un autre tems, et j'atterrai à *la Perotine*, où je ne trouvai qu'un seul cheval pour moi, mon domestique, et mon porte-manteau. Un égoïste n'eut pas été embarrassé ; il eut chargé le valet de la valise, et eut gardé le cheval pour lui. Je fis mieux, je mis la valise et le valet sur le cheval, et je fus à pied. L'équipage étoit un peu leste pour un officier supérieur qui vient prendre le commandement ; mais le souvenir d'un trait historique vint rasséréner mon amour-propre effarouché. Cincinnatus quittant sa charrue pour aller prendre la dictature, entra seul et à pied dans Rome.... Il ne m'en fallut pas davantage, et je marchai fiérement vers les murs de Saint-Pierre, le chef-lieu, ou, si vous voulez, la Rome d'Oleron.

Après avoir expédié les affaires qui m'y appeloient, je me rembarquai. A peine avions nous doublé la pointe de l'île d'Aix, que le vent s'éteignit tout-à-fait. Combien de circonstances, monsieur, ne sont que des inconvéniens pour les uns, qui deviennent des jouissances pour les autres ! Enveloppé de mon manteau, je m'étois assis au gouvernail, et là, ministre habile en raison du calme, je dirigeois la chose publique avec toute l'indolence et la sécurité d'un ignorant. Mes trois matelots, le père et les deux fils ramoient. L'air étoit tranquille, le ciel pur. La mer, unie comme une glace, réfléchissoit les rayons tremblans de la lune. Mes conducteurs, qui étoient de ces bons et fidèles acadiens, enlevés à leur patrie par les malheurs de l'avant-dernière guerre, chantoient à l'unisson, au bruit des rames qui tomboient avec la mesure du chant. Je passai ainsi sept heures ; jamais je n'en ai vu fuir de plus douces, jamais je ne compris mieux combien le vrai bonheur est indépendant de tout ce que nous croyons qui le donne, et jamais je ne vis avec moins de plaisir les premiers traits de l'aurore se jouer dans la douce lumière des étoiles, que lorsque, dans un enfoncement obscur, j'apperçus le sommet des tours de la Rochelle éclairé de leurs rayons. Il étoit quatre heures du matin lorsque nous y arrivâmes. Je traversai, en courant, des rues sombres et étroites où l'avarice et la méfiance faisoient déjà retentir les verroux, et je me hâtai de gagner mon lit.

Vous savez, monsieur, combien le siége de la Rochelle l'a rendue célèbre. On y voit encore les débris de cette fameuse digue, au moyen de laquelle Richelieu réduisit les assiégés aux horreurs de la famine, et qui, depuis, a toujours été un obstacle au commerce de ce port.... Tant il est vrai que les hommes, éblouis par l'éclat passager d'une fausse gloire, sacrifieront toujours le bien général au desir de manifester leur puissance par des succès momentanés. Je ne me rappelle point ce mémorable siége, sans revoir le tableau atroce et révoltant de cette mère infortunée, qui, après avoir résisté long-tems à la rage du plus impérieux de tous les besoins, parvint à étouffer la nature, et broya sous sa dent cruelle les chairs encore palpitantes du malheureux fruit de ses entrailles.

Rien ne me retenant plus ici, je compte, dès demain, aller m'établir à Oleron, d'où j'espère pouvoir vous écrire encore une fois avant mon départ, dans le cas où mes observations valent la peine de vous être communiquées.

LETTRE XIX.

Oleron, ce....

L'ILE d'Oleron, monsieur, a été connue de Pline, sous le nom d'*Uliarus*, et de Sidonius Appollinaire, sous celui d'*Olario*. La plupart des hommes ayant la folie de mesurer l'intérêt qu'ils prennent à un pays sur la distance qui les en sépare, je craindrois de vous parler de celui-ci, si je ne savois qu'en bon et sage patriote, vous préférez le ciel qui vous a vu naître, et le sol qui vous nourrit, aux plages étrangères.

Saint-Pierre, la résidence des différens corps civils, est un bourg assez propre, habité par une partie des insulaires les plus aisés. Il est placé au centre de l'île, qui peut avoir cinq lieues de long, sur trois dans sa plus grande largeur. On estime sa population de dix-sept à dix-huit mille ames, et l'on y compte six bourgs tels que Saint-Pierre. La principale exportation de son commerce est en sel et en eau-de-vie. On y cultive du grain, des vignes, du chanvre, et du lin. Mais les meilleurs revenus proviennent des marais salans, espèce de culture sujette à peu d'accidens et de frais. Les campagnes y sont d'autant mieux cultivées, que, n'y connoissant point l'usage de la charrue, toutes les terres sont remuées à bras, ce qui, en triplant les récoltes, nourrit un plus grand nombre de cultivateurs, et double ainsi, pour l'état, et le produit de la capitation, et celui des impôts sur les denrées qui s'y consomment. Aussi, afin d'entretenir cet excellent usage, est-il défendu d'engager un habitant d'Oleron dans les troupes du roi. Cette loi, d'autant plus sage, qu'elle y maintient une population nombreuse, empêche les jeunes-gens de rapporter, dans leurs familles, les vices de tout genre que d'autres vont puiser dans les armées, et lui laisse, en tems de guerre, ses défenseurs naturels. Une partie des hommes est destinée au service de garde-côte, le reste toujours armé. Je viens de voir passer une revue à cette milice, qui, dans l'ensemble comme dans le détail, est le plus beau corps que j'aie jamais vu. Il n'a pas, il est vrai, l'âpre et triste roideur d'un régiment bien dressé; mais il a cet air de liberté et d'aisance martiale et vigoureuse qui convient aux défenseurs de la patrie, et qu'un militaire éclairé doit préférer à la position guindée que l'on s'efforce de donner à des hommes auxquels l'agilité et la souplesse sont également nécessaires, pour exécuter avec précision quelque manœuvre militaire que ce soit. Je ne sache pas que Xénophon, César, ni Polybe nous aient laissé des mémoires sur *la position* des soldats Grecs ou Romains. Il y a beaucoup à parier que l'on s'occupoit peu alors de cet important objet, et que *le placement* de la tête et des talons d'un héros, n'influoit en rien sur l'opinion que donnoient de lui ses victoires. La conquête des Gaules alloit son train, comme si tous les soldats de César eussent été des caporaux prussiens, et le cou penché d'Alexandre ne mit pas plus d'obstacles à ses succès, que la bosse de Luxembourg à ceux qu'il obtint sur ces mêmes armées dans lesquelles nos Polybes modernes vont puiser leur ignorance (1). Aujourd'hui, cependant,

(1) Un trait général ne prouve rien contre les exceptions. Je ne suis pas assez injuste

ces misères passent, dans bien des esprits, pour les seuls fondemens de l'art militaire. Ni les variations qu'elles ne cessent d'éprouver, ni la facilité avec laquelle on les rejette, après les avoir adoptées, n'ont encore pu ouvrir les yeux à quelques enthousiastes; ils voudroient que l'on persistât à contorser les membres du soldat, et croyent que

---

pour croire que tous nos militaires aient voyagé en aveugles. Celui dont le livre immortel sur la tactique atteste la sagesse, en est une preuve. Je n'entends parler ici que de l'abus, bien fâché que ma répugnance pour tout ce qui sent la flagornerie me prive du plaisir de nommer ceux de nos officiers qui ont voyagé avec assez de fruit, pour revenir plus éclairés, et par conséquent, plus modestes, admirer avec l'enthousiasme du patriotisme ce qui est digne de l'être, et blâmer avec indulgence des erreurs qui tiennent, moins à l'esprit national, qu'au défaut de ne pas le consulter assez.

lorsque l'on est parvenu à le rendre invalide, il doit se trouver trop heureux d'être renvoyé dans sa chaumière, la poitrine décorée d'un signe, honorable par l'esprit de son institution, mais qui, trop souvent, ne prouve autre chose, sinon qu'il a résisté quarante ans au supplice de la question. Rien sur-tout n'est plus révoltant, pour qui ose envisager les choses sous leur vrai point-de-vue, que la sotte affectation avec laquelle on voit aujourd'hui les grands mots de subordination et de discipline passer de la bouche de quelques ineptes manipuleurs, dans celle des femmes les plus insubordonnées de l'Europe, et qui, loin de se faire une idée saine de la question qu'elles se chargent de résoudre, ne voient qu'un instrument flagellateur, un ressort de supplice et de géne, dans ce qui doit être le résultat des combinaisons de l'ordre l'ordre et de la justice, adapté au régime militaire.

Par ce que je vous dis d'Oleron, vous conclurez, sans doute, que les habitans d'un pays aussi fertile doivent jouir d'une grande aisance. Il est vrai que le peuple y paroît assez heureux. Plusieurs raisons, cependant, font qu'il n'est point aussi aisé qu'il pourroit l'être. Beaucoup de particuliers y possèdent des biens considérables, et consomment leurs revenus sur le continent, de façon qu'il sort de l'île à-peu-près un million chaque année. En second lieu, elle n'a aucun port qui puisse recevoir seulement une barque de cinquante tonneaux, et, par conséquent, aucun commerce extérieur. Malgré ces raisons, et d'autres encore, il est clair, monsieur, que si le reste de la France réunissoit tous les avantages dont jouit Oleron, la France seroit à elle seule plus riche et plus heureuse que le reste de l'univers.

Les hommes sont ici grands, lestes, et bien faits ; les femmes moins bien, soit que le travail des champs nuise à la foiblesse de leur constitution, soit que l'âpreté du climat flétrisse de bonne heure la délicatesse de leur teint. On ne sauroit assez le redire : les femmes ne sont point faites pour partager avec les hommes des travaux qui exigent de la force, une tension violente et prolongée. C'est aux hommes à arracher à la terre la subsistance de ce sexe, destiné, par sa foiblesse, aux soins intérieurs du ménage. La première éducation de l'enfance, l'ordre et la propreté des maisons, l'entretien des vêtemens, l'apprêt de la subsistance journalière, voilà la tâche imposée aux femmes ; et si leur orgueil se révolte contre cet arrêt de la raison et de la nature, je leur dirai : ouvrez la bible et Homère, et vous y trouverez vos devoirs bien mieux tracés que dans l'histoire d'Elisabeth ou de Sémiramis.

La plus grande partie des habitans d'Oleron est protestante, et professe assez ouvertement cette religion. Les catholiques vivent avec eux en frères, et je vois avec plaisir que le clergé s'empresse de contribuer à cette union. Cela prouve, monsieur, que les hommes sont bons par-tout où ils sont heureux, et que la tolérance est en même-tems le plus doux et le plus fort lien de la société.

Comme je m'embarque après demain, je borne ici mes observations. Adieu. S'il vous tarde d'avoir de mes nouvelles, caressez, par quelques sacrifices, la fougueuse indocilité de Neptune; tandis que, du sein de son orageux empire, je demanderai au ciel qu'il vous accorde des jours purs et sereins.

LETTRE XX.

En mer, le....

ENFIN, nous voilà en pleine course, abandonnés aux caprices des flots, des vents et de la fortune. Déjà les côtes de France ne me paroissent plus qu'un foible nuage qui s'éteint et disparoît sous l'horison. En les perdant de vue, je me suis souvenu de la reine Marie d'Ecosse voguant vers sa nouvelle patrie, et j'ai dit comme elle :

Adieu *plaisant* pays de France !

Non, monsieur, le vrai courage ne consiste point à étouffer des sentimens qui font tout le charme de la vie. Soyons forts dans l'adversité, supportons, sans murmure, des revers inévitables et passagers, mais ne confondons pas l'insensibilité du stoïque orgueilleux, avec la douce et noble résignation du sage.

Il faut vous attendre à des lettres souvent quittées et souvent reprises. Quoique je ne fasse pas de journal, je n'ometttrai cependant rien de ce que je croirai pouvoir mériter votre attention.

Si la précaution de se pourvoir de tout ce qui peut contribuer au maintien de la santé et à l'agrement de la vie, peut rendre un voyage agréable, le nôtre le sera, et nous aurons cette obligation à nos armateurs, qui, heureusement pour nous, n'ont pas cru devoir prendre pour modèle ces administrateurs durs, qui, pourvu que rien ne trouble le cercle de leurs jouissances, s'embarrassent peu que le reste du genre humain souffre quelques années de plus, ou périsse quelques années plus tard, et croient répondre à tout avec cette phrase odieuse : *Il faut savoir sacrifier aux circonstances*... Sacrifier ! Cœurs d'acier et de sang, sacrifiez moins d'or à forger les instrumens de vos crimes secrets, et, avec plus de secours à donner à l'humanité, vous ferez servir l'agent du malheur et de la corruption des hommes à soulager leurs misères ! Alors, peut-être, on vous pardonnera d'immoler et votre propre repos, et celui des autres à cette soif insatiable qui vous dévore, et *qui va, jusques sous les climats glacés du pôle, s'abreuver des travaux et des misères de l'indigence* (1).

Je vis, je respire encore, et je vous assure, monsieur, que je n'en suis pas

---

(1) Pagès, Voyage autour du monde, t. 2, page 201.

fâché. Vous m'avez souvent dit que vous donneriez beaucoup pour voir l'original de la belle tempête de *l'Idomenée* de Crébillon. Je viens d'avoir ce plaisir-là. Mais comment rendre avec des mots ce phénomène, qui, dans le bouleversement des loix de la nature, paroît vouloir épuiser sa puissance à donner aux hommes le spectacle effrayant de la dissolution du globe ?

Le 24, vers six heures du soir, le vent, qui avoit soufflé tout le jour avec violence, devint furieux. De longs éclairs sillonoient l'horison, et le bruit sourd du tonnerre qui grondoit dans un lointain obscur, le rugissement des vagues, le sifflement horrible des vents, me donnèrent le spectacle le plus sublime dont l'esprit humain se puisse former une idée. La nuit devint si obscure, que l'on se voyoit à peine d'un bord à l'autre du vaisseau. Les éclairs, en déchirant le voile ténébreux dont nous étions enveloppés, nous laissoient entrevoir une mer, d'autant plus affreuse, que l'agitation des flots, couvrant sa surface d'une écume qui réfléchissoit la pâle lueur des éclairs, augmentoit, par ce contraste avec la sombre horreur des ténèbres, l'horreur dont nous nous sentions pénétrés :

D'un déluge de feu l'onde comme allumée,
Sembloit rouler sur nous une mer enflammée ;
Et Neptune en courroux, à tant de malheureux,
N'offroit, pour tout salut, que des gouffres affreux.

Il existe, monsieur, entre l'homme et les élémens une harmonie, indéfinissable quoique très-sensible, qui doit jetter le premier dans un état d'anxiété, toutes les fois que, troublée dans son équilibre, la nature semble prête à rompre les liens qui nous unissent à elle. C'est en vain qu'alors la voix du courage et de la raison veut réclamer contre nos loix physiques. Entraînés par le mouvement qu'elles nous impriment, écrasés sous le poids de leur ascendant irrésistible, il faut se résoudre à souffrir, et tout ce que peut faire l'homme sage et courageux, c'est de souffrir en silence.

Fatigué de ce spectacle atroce et décourageant, j'étois rentré dans la chambre du conseil, où je m'étois couché à terre, enveloppé dans mon manteau. Tout-à-coup, au milieu d'un fracas épouvantable, le vaisseau penche, et je me sens entraîné, sans autre sentiment, sans autre idée que celle que je périssois. L'instant d'après entre un officier du vaisseau, qui nous dit que le mât de misaine vient de casser, mais que personne n'a péri par sa chûte, quoiqu'il eût craint un moment qu'elle n'entraînât celle du vaisseau, une des extrémités de la grande vergue ayant plongé à plus de dix pieds dans la mer. Pendant ce récit, je ressuscitois tout doucement, comme *Lazare*, et tout aussi charmé que lui d'être mort une fois dans ma vie à si bon marché.

Cependant la tempête continuoit avec la même furie. Les vagues couvroient quelquefois entièrement le vaisseau, l'eau nous gagnoit de toutes parts, et l'on craignoit pour le grand mât. Afin de l'alléger, on résolut de descendre sa vergue, dont le poids le fatiguoit. C'étoit, vu le tems, une entreprise difficile à exécuter. Mais, de quoi la téméraire audace des hommes ne vient-elle pas à bout ? Je voulus être témoin de cette opération. Elle se fit avec des peines, des dangers, des efforts inouis. Il fallut quitter et reprendre vingt fois l'ouvrage. Personne ne s'entendoit, même avec le porte-voix. Je crus voir une troupe de démons occupés à tirer un tison de l'enfer. On ne s'appercevoit qu'à la lueur de la foudre qui circuloit autour de nous en longs serpens de feu.

J'étois de nouveau rentré dans la chambre du conseil, dont la lampe venoit de s'éteindre. Là je m'assis sur le plancher, et comme l'imagination ne travaille jamais avec plus d'ardeur que dans l'obscurité, des souvenirs encore récens portèrent la mienne sur l'auguste cérémonie à laquelle l'église a consacré cette nuit, si brillante dans toute la chrétienté, si lugubre pour nous. Je me transportai en idée dans ces temples superbes où la religion, prosternée au pied des autels qu'environne un nuage d'encens, célèbre, par des chants d'allégresse, la naissance du Sauveur de la terre, dans une pompe et une magnificence, digne de l'être majestueux et tout-puissant que l'univers adore. Quel contraste, monsieur, avec une horde de malheureux, luttans dans les abîmes de l'océan et d'une nuit profonde, pour aller, guidés par l'avarice ou l'ambition, et le fer et la flamme à la main, porter, sur une plage heureuse, et le crime de la dévastation, et les ravages de la mort!

Il ne se passa rien de nouveau le reste de la nuit. Tant qu'elle dura le tems fut le même. Une de nos plus grandes inquiétudes tomboit sur notre gouvernail, qui frappoit avec tant de force contre le vaisseau, que l'on eût dit qu'il alloit s'entr'ouvrir. Quelquefois, portés sur le sommet d'une vague, nous y restions dans une immobilité, plus effrayante que la plus terrible secousse. Enfin, vers le jour, l'orage et les vents se calmèrent, nous éprouvâmes quelque repos, et l'on s'occupa à amener notre mât cassé, suspendu et embarrassé dans ses haubans et ses manœuvres.... O, vous, qui, dans le cours d'une vie orageuse, avez vu le frêle esquif qui portoit votre espoir prêt à s'engloutir dans les abîmes du malheur, vous seuls comprendrez quel doit être le prix du calme après la tempête !

Dès qu'il fit assez de jour pour voir autour de soi, je sortis. La mer, qui, semblable à nos tumultueuses passions, ne se calme pas toujours par l'absence des causes qui l'ont agitée, la mer étoit affreuse. La chûte du mât avoit couvert le pont de poulies, d'éclats de bois, et de cordages rompus. La plus triste confusion régnoit par-tout. On voyoit se traîner sur ces débris des matelots et des soldats, maigres, pâles, dégoûtans d'eau, et portant sur leurs visages exténués, tous les signes du découragement et de la douleur.

Mais en voilà assez, monsieur. Le mal est passé, il faut songer au remède, et c'est ce qui nous occupe dans ce moment-ci. Déjà même la gaieté a reparu avec la ration extraordinaire d'eau de vie, que l'on a fait distribuer selon l'usage. On pompe, on répare les avaries, et tel qui hier pleuroit et se recommandoit à tous les saints du paradis, chante, rit, jure, et défie aujourd'hui les vents et la fortune.

LETTRE XXI.

En mer....

JE suis persuadé, monsieur, que vous me croyez, dans ce moment-ci, ou arrivé, ou bien près de mon but. Il n'en est cependant rien, comme vous l'allez voir.

Pour éviter les longueurs, je laisse là le tems, qui, comme vous l'avez vu par ma dernière lettre, nous a été plus contraire que favorable. Le 11, nous parlâmes à un navire bordelois, et le 12 à un vaisseau de guerre et une frégate portugaise. De-là jusqu'au 22, nous fûmes absolument seuls dans le vaste océan, ou pour mieux dire dans notre horison. Ce jour-là nous vîmes l'île Sainte-Claire, et le 24 la Grande-Canarie, qui donne son nom au groupe qui l'environne. J'aurois beaucoup désiré voir Teneriffe et son pic fameux, mais le tems ne fut pas assez clair pour cela.

Il ne sera pas dit que j'aurai passé devant ces îles célèbres, et qui ont donné lieu à quelques modernes d'avancer, sur la foi de Diodore de Sicile, de Platon, d'Aristote, de Plutarque, de Séneque et d'Elien, que le continent de l'Amérique avoit été, non-seulement connu, mais peuplé par les anciens, sans jetter un coup-d'œil sur les preuves qui, selon eux, établissent, et, selon moi, détruisent leur opinion.

La première question qui se présente, c'est de savoir par où l'Amérique a pu être connue et peuplée par les habitans de l'ancien monde, et la réponse est simple : par les points les plus rapprochés, tels que le Cap-Verd et le Cap-la-Rocque, pour le sud ; le Cap-Est, et le Cap-Prince-de-Galles, pour le nord. Ce seroit donc aux indigènes de l'Afrique, d'un côté, et à ceux du détroit de Béhringue, de l'autre, à réclamer la population de l'Amérique, et non pas aux habitans des bords de la Méditerranée, qui l'ont aussi peu connue que peuplée.

La seconde question est de savoir, comment

comment les anciens, *sans autre boussole que les côtes*, dit Montesquieu, sans autre guide que les étoiles, sans vivres, avec des barques sans ponts, gréées d'un mât foible, et qui se rabattoit au besoin, ont pu exécuter un voyage, lequel, en supposant le point de départ de la Méditerranée, malgré la supériorité de nos vaisseaux, celle de nos connoissances nautiques, et les progrès d'une longue expérience, exige aujourd'hui, par la ligne la plus droite, et le tems le plus favorable, près de trois mois de navigation; tandis que, long-tems même après l'époque dont il s'agit, ces mêmes navigateurs n'osoient encore ni mettre en mer par un tems sombre, ni perdre la terre de vue? Mais venons aux preuves tirées des propres citations des auteurs anciens dont les modernes réclament le témoignage.

Platon place l'île Atlantide *vis-*

à-vis des colonnes d'Hercule, et lui donne une étendue égale au moins à l'Asie et à l'Afrique ensemble, et d'où l'on passe à d'autres îles pour se rendre dans le continent.

Diodore de Sicile parle d'une île d'une grande étendue, au couchant de l'Afrique, dont elle est éloignée de *plusieurs journées* de navigation. Il en fait une peinture, dont assurément l'original n'a jamais existé en Amérique. Les villages, selon lui, sont composés de maisons magnifiquement bâties, avec des parterres ornés de berceaux couverts de fleurs, etc. Il ajoute positivement que *cette île* est environnée d'une mer féconde en poissons.

Aristote rapporte que *l'on dit*, qu'à *plusieurs journées* de navigation des colonnes d'Hercule, les carthaginois trouvèrent *une île*, qu'ils visitèrent souvent depuis.

Je laisse-là *Elien*, *Plutarque*, *Séneque*, et je demande, monsieur, 1°. de quel poids peut être le témoignage de Platon, qui, donnant à son Atlantide une étendue égale à celle de l'Asie et de l'Afrique, la place près des côtes du Portugal, et suppose, dans ses mers, une île d'un volume supérieur à ces deux parties du monde, île d'où, selon lui, on passoit à d'autres îles, et de-là dans le continent; d'où il résulte que Platon met le plus dans le moins, c'est-à-dire, un corps de quinze degrés dans un espace qui en a tout au plus sept. Mais, en admettant même, avec *Kircher* et *Bachmann*, que les Canaries, Madère et les Açores aient pu former jadis une seule île, et que cette île ait été l'Atlantide; pourquoi, dans ses débris, ne trouve-t-on aucun monument, aucune tradition, aucune trace de son ancienne étendue, de cette magnifique architecture ? et pourquoi les tyriens et les phéniciens, si grands voyageurs, n'en avoient-ils jamais entendu parler ?

2°. Je demande si, par le témoignage d'Aristote et de Platon, il n'est pas évident qu'ils n'ont entendu parler que *d'une île* : et 3°. s'il n'y a pas tout à parier que, dans le cas où Platon pût revenir au monde, il ne rît beaucoup de nous voir appuyer les hypothèses les plus absurdes par l'autorité de ses rêveries ? C'est, à-peu-près, comme si l'on vouloit prouver l'existence des *Sévarambes*, par *l'Utopie* de ce même Platon.

Mais s'il vous falloit d'autres autorités, des autorités plus récentes, pour vous convaincre que les anciens n'avoient aucune connoissance de l'Amérique, je vous citerois et *Pline*, qui dit, qu'*il ne peut exister aucune communication entre les zones tempérées*, et *Robertson*, qui dit, que les carthaginois, après plusieurs courses le long de l'Afrique, *découvrirent enfin les îles fortunées, connues aujourd'hui sous le nom de Canaries, lesquelles formoient la dernière limite de la navigation des anciens*. Ce qui est positif, c'est que les établissemens que les carthaginois fondèrent sur les côtes d'Afrique, ne s'étendirent jamais au-delà du vingt-cinquième degré de latitude nord, c'est-à-dire, un peu au-delà des Canaries ; et que, d'un autre côté, ils ne dépassèrent pas l'Angleterre. Observons, d'ailleurs, que si l'île découverte et souvent visitée par eux, comme le dit Aristote, avoit été l'Amérique, quelle sensation cette découverte n'eût-elle point faite chez des peuples, amis du merveilleux, de la nouveauté ; et comment supposer que le souvenir s'en soit perdu chez les grecs qui vouloient tout savoir, et chez les romains qui vouloient tout conquérir ?

En voilà assez pour vous convaincre que les anciens, connoissant à peine les Canaries, ont dû ignorer l'existence de l'Amérique, et que c'est à cette connoissance très-imparfaite des îles fortunées, qu'il faut attribuer toutes les sottises que l'on a débitées, et que l'on débite encore à ce sujet. Une seule réflexion doit terminer toute incertitude. Si Colomb, qui, par la seule force de son génie, devina l'Amérique, (1) avoit

(1) On prétend qu'en 1484, Alonso-Sanchez de Huclua, allant des Canaries à Madère, avoit été poussé sur la côte de Saint-Domingue; que, de retour à Tercère, il y trouva Colomb, qui l'accueillit, et que c'est sur ses mémoires que le dernier entreprit la découverte de l'Amérique. Mais, ce

pu mettre, à la place de ses conjectures, des faits et des autorités décisives, il eût irrévocablement fermé la bouche à ses adversaires, et n'eût point été réduit à lutter vingt-cinq ans contre la défiance et la timidité, sans compter l'ignorance superstitieuse ?

Vous voyez, monsieur, comme je cherche à suppléer au défaut d'événemens, et c'est une attention dont vous me tiendrez compte, si vous saviez combien ceux de la vie des marins leur sont précieux. A terre, l'existence et la fortune de chaque individu étant presque toujours liées aux intérêts généraux de la société, à l'influence des passions qui leur donnent le mouvement, on coule sur les détails de la

---

fait, avancé sans preuves, en est lui-même une de l'acharnement avec lequel l'envie attaque la gloire des grands hommes.

vie privée, pour ne s'arrêter qu'aux points où leur choc et leur réunion forment des époques. Mais sur mer, où tout sentiment étranger à celui de sa conservation semble suspendu, où toutes les affections personnelles se portent en masse vers un centre commun, l'activité de l'esprit s'attache fortement aux détails journaliers. Le lever et le coucher du soleil et de la lune, la variation des vents, les observations célestes et nautiques, les conjectures que l'expérience a voulu que l'on tirât de l'espèce et de la route des poissons, de l'espèce et du vol des oiseaux, etc. voilà ce qui devient l'objet de l'attention des marins. On s'endort avec le desir de conserver le même vent, s'il est bon, ou l'espoir de le voir changer, s'il est mauvais; on s'éveille dans les mêmes idées, et tandis qu'à terre, la première pensée dirige nos premiers pas vers nos affaires ou nos plaisirs ; tandis que les courtisans volent en foule au lever du prince, observer, dans ses gestes et son regard, sur quel point du cercle brillant qui l'environne tombera le rayon de la faveur, ici, nous courons vers la boussole chercher, dans la direction de l'aiguille aimantée, le pouvoir invisible qui règle notre destinée. Ici, les affaires et les plaisirs de l'un, sont les affaires et les plaisirs de tous. Repas, jeux, travaux, ici tout se fait en commun, tout se partage. A midi, l'on se range en cercle autour de ceux qui observent ; tous les yeux se fixent sur la carte où des calculs, souvent fautifs, déterminent, d'une manière plus ou moins juste, le point de l'univers que l'on occupe. Ici, enfin, rendu à son premier être, l'homme, immédiatement soumis aux loix de la nature, paroît ne plus obéir qu'à elle.

Toutes les idées de convention qui forment les devoirs conventionnels de la société, disparoissent. L'intérêt commun préside seul aux opérations, il veille seul à la police, et comme cet intérêt porte plus vivement, plus directement que par-tout ailleurs, sur la sûreté et le repos de chacun, chacun aussi concourt avec ardeur au maintien de l'ordre et de la tranquillité générale.

Depuis la vue des Canaries, nous avons presque toujours été contrariés par les vents, de sorte que nous n'avons passé la ligne qu'hier, après y avoir resté près de trois semaines en calme. Ce mot de *calme*, monsieur, présente au physique, comme au moral, une image de paix et de repos. Vous allez voir, par le tableau parfaitement vrai de ceux de l'équateur, si c'est-là l'idée qu'il faut s'en former.

« Le vent tombe, et bientôt un

» calme profond lui succède. Les ondes
» violemment émues, se balancent
» long-tems encore après que le vent
» a cessé. Mais insensiblement leurs
» sillons s'applanissent, et, sur une
» mer immobile, le navire, comme
» enchaîné, cherche inutilement dans
» les airs un souffle qui l'ébranle. La
» voile, cent fois déployée, retombe
» cent fois sur les mâts. L'onde, le
» ciel, un horison vague, où la vue
» a beau s'enfoncer dans l'abîme de
» l'étendue, un vuide profond et sans
» bornes, le silence et l'immensité,
» voilà ce que présente ce triste et
» fatal hémisphère. Consterné et glacé
» d'effroi, le matelot demande au ciel
» des orages et des tempêtes, et le
» ciel, devenu d'airain comme la mer,
» ne lui offre de toutes parts qu'une
» affreuse sérénité. Les jours, les nuits
» s'écoulent dans ce repos funeste. Ce

» soleil, dont l'éclat ranime et réjouit
» la terre, ces étoiles dont le nocher
» aime à voir briller les feux étince-
» lans; ce liquide cristal des eaux,
» qu'avec tant de plaisir nous contem-
» plons du rivage, ne forment plus
» qu'un spectacle funeste, et tout ce
» qui, dans la nature, annonce la
» paix et la joie, ne porte ici que
» l'épouvante, et ne présage que la
» mort (1) ».

Nous sommes à peine aux deux tiers de notre route, et déjà l'eau et les vivres commencent à nous manquer. Vous devez sentir, monsieur, ce que la privation de l'eau sur-tout a de cruel, pour des gens écrasés sous le poids des chaleurs de la ligne, et dont des nour-

---

(1) Incas, liv. 12. Je me suis permis de supprimer quelques mots, non pas pour faire mieux, mais pour abréger.

ritures salées, et l'abondance de la transpiration, brûlent et dessèchent le sang. A cela, il n'y a d'autre remède à opposer que la patience et l'espoir. On parle déjà de gagner le Brésil. Peut-être y serons nous forcés. Quant à moi, je ne demanderois pas mieux que de faire le tour du monde, si la détresse dans laquelle nous sommes, pouvoit me laisser l'espoir de sauver par-là nos malades.

LETTRE XXII.

le 17....

JE vous défie, monsieur, de vous douter d'où je vous écris. Je vous donne à deviner dans le monde entier, et cependant, je ne suis plus sur l'eau. Un bloc de rocher me sert de siége, un autre de table. Un torrent se précipite à mes pieds; un vent doux agite la verdure qui m'ombrage, et je ne suis ni au Brésil, ni au cap de Bonne-Espérance. En attendant que vous deviniez cette énigme, je vais vous l'expliquer.

Le 5 septembre, à deux heures du matin, un soldat de quart cria *terre ?* Ses camarades et les matelots étant accourus avec les officiers, on vit effectivement une terre fort haute, un peu à bas-bord, et dont nous étions à peine éloignés de deux lieues. Le capitaine ayant été éveillé, fit sur le champ virer de bord et porter au large. Le jour venu, nous montâmes sur le pont, et vîmes une île assez considérable, haute, couverte de bois, et d'autant plus sûrement habitée, que le chirurgien et le maître assurent y avoir vu un feu.

Notre situation devoit nous faire regarder la rencontre d'une terre quelconque, comme un bienfait de la providence. Partis d'Europe depuis plus de trois mois, à peine nous restoit-il pour un mois de vivres, et le scorbut faisoit de tels ravages parmi nos soldats, que nous en avions près de deux cents sur les cadres, dont plusieurs étoient à toute extrémité.

Après avoir consulté les chirurgiens, qui convinrent unanimement de la nécessité d'une relâche, nous résolumes d'y forcer le capitaine, homme juste, humain, estimable à tous égards, mais qui, en considération de l'intérêt de ses armateurs, faisoit semblant de s'y refuser; tant l'égoïsme qui nous étrangle a bien réussi à séparer l'intérêt des hommes de celui de l'humanité, mot qui n'a aucun sens, et se réduit à zéro dans toute spéculation de fortune. Cependant, comme je connoissois les conséquences d'une pareille démarche, je crus devoir les représenter, en proposant un moyen qui pût nous mettre tous en règle. Après bien des irrésolutions, avec lesquelles on ne finit rien; après avoir répété cent fois que le pire de tous les partis étoit de n'en prendre aucun; on résolut d'assembler le conseil. Le capitaine dressa le procès-verbal de ses vivres; je produisis celui de notre situation, et l'on décida, que, vu l'impossibilité d'administrer à nos malades les secours dont ils avoient besoin, nous relâcherions, en donnant au capitaine, pour sa décharge personnelle, le résultat de nos délibérations, signé par tous les membres du conseil.

Il s'étoit passé trois jours avant d'avoir pu en venir-là. En attendant nous courions des bordées, tantôt au large, tantôt à terre, selon que les opinions se décidoient pour ou contre la relâche. Enfin, le 8, au matin, nous portâmes sérieusement sur la terre, que nous ne voyions

voyions plus, mais que nous avions relevée la veille à 1 degré 30 minutes de latitude sud, 4 degrés 45 minutes de longitude orientale.

Le 9, dans l'après-midi, nous revimes l'île, et en même-tems un navire à trois mâts, qui paroissoit courir la même carrière que nous. On diminua de voiles, afin de ne point trop accoster la terre pendant la nuit.

Le 10, nous remimes le cap à terre, et, à la distance de trois lieues, nous arborames pavillon françois, et tirames quelques coups de canon. Après avoir sondé sur un fond de douze brasses, nous mimes en panne, parce que, ignorant la côte, et ne pouvant plus douter que l'île ne fût habitée, nous espérions que les naturels viendroient nous indiquer un mouillage sûr : notre espoir ne fut pas trompé. Nous vimes un canot doublant une pointe basse, qui se prolonge dans le nord-est, et comme il venoit droit à nous, nous courumes sur lui à petites voiles. Ce canot n'étoit autre chose qu'un arbre creusé, et contenoit une douzaine de négres, tous nuds, à l'exception d'un habillé, tant bien que mal, à l'européenne, et qui sembloit exercer sur les autres une sorte d'autorité.

Cette circonstance nous confirma dans l'idée que nous avions à faire ou à l'île *Saint-Mathieu*, ou à une des îles *Saint-Thomas*. Pendant que l'on disputoit chaudement à cet égard, les uns pariant pour *Thomas*, les autres pour *Mathieu*, je fis mettre la garde de police sous les armes (1), autant

---

(1) On sera peut-être étonné de trouver une garde de police sur un vaisseau, mais l'expérience m'avoit trop instruit, pour ne pas savoir qu'un des meilleurs moyens de conser-

pour prévenir tout désordre, qu'afin d'honorer le chef des insulaires, que nous fûmes recevoir à bas-bord. Il

---

ver la santé du soldat, est de le tenir en haleine, et de l'occuper le plus qu'il est possible. En conséquence, non-seulement on montoit la garde à une heure fixe, mais chaque officier et bas-officier avoit son genre et ses heures de service. Tous les matins un tambour battoit la Diane, après laquelle personne ne pouvoit rester couché. Si le tems étoit sec, tous les hamacs se transportoient dans le bastingage. On faisoit plusieurs appels par jour, et, hors les circonstances extraordinaires, personne ne pouvoit se tenir dans l'entre-pont, lequel étoit journellement balayé par une corvée nommée à l'ordre, et parfumé plusieurs fois par semaine. Une ordonnance de police, affichée sur les trois mâts, instruisoit chacun des devoirs qu'il avoit à remplir, et de l'ordre invariablement établi. C'est à ces précautions, et d'autres du même genre, que nous dûmes le bonheur de ne perdre qu'un seul homme, sur trois cens, dans un voyage monta avec confiance, et nous le conduisimes dans la chambre du conseil. Il n'entendoit à la vérité pas un mot

---

qui a duré près de six mois, et quoique nous fussions privés de tous les secours extraordinaires que l'on emploie pour conserver la santé des équipages. Le plus grand obstacle à surmonter dans ces occasions, est le dégoût qu'inspire l'ingratitude et l'injustice des hommes, qui vous pardonnent rarement de vouloir les rendre heureux, même aux dépens de votre repos. Après celui-là, vient la négligence des subalternes, qui, dans les soins qui exigent leur surveillance, ne voyent jamais que des devoirs onéreux, ou tout au plus indifférens, parce qu'il n'est pas donné à tout le monde de sentir que, s'il y a du mérite à savoir supporter ses maux, il y en a bien plus à savoir les prévenir, et que si la vraie prudence exige souvent des sacrifices, le vrai courage consiste à savoir maintenir l'ordre, malgré les réclamations de la foule aveugle.

de ce que nous lui disions, mais il étoit accompagné d'une espèce d'interprête, qui, au moyen d'un peu d'anglois, nous apprit que l'étrange figure que nous voyions étoit celle de monsieur le *Gubernador* de l'île. Ceux de nous qui avoient parié pour *Saint-Mathieu*, s'empressèrent de lui demander si ce n'étoit point-là son nom ? L'interprête secoua la tête, et les partisans de *Saint-Thomas* sautèrent de joie. Mais après avoir fait la même question au négre pour leur saint, et reçu la même réponse, chacun éclata de rire, et il nous mit tous d'accord en nous apprenant que l'île se nommoit *Annobon* (1);

(1) Ce nom lui a été donné par les portugais, qui la découvrirent le premier jour de l'an. Laurent Echard, et ceux qui l'ont copié, déterminent sa position par 1 degré 50 minutes de latitude, 24 degrés de longitude : ce

que ses habitans étoient tous bons chrétiens, et de plus bons catholiques; qu'ils avoient eu autrefois un missionnaire, mort depuis quelques années; que l'on ne leur en avoit point envoyé d'autre, mais qu'ils n'en avoient pas moins une église, dans laquelle monsieur le gouverneur, ainsi que toute la nation, nous prioient de permettre à notre aumônier de venir dire la messe, et bénir quelques mariages. Or, comme les navires marchands n'ont d'autre aumônier que leur chirurgien, nous lui répondîmes que le nôtre ne jouissant pas du privilège de joindre l'encensoir au glaive, ni par conséquent du pouvoir de lier et de délier, nous nous bornerions à aller prier avec eux.

---

qui est une erreur. On peut s'en rapporter à notre observation, répétée trois jours de suite, par trois personnes et trois instrumens différens.

Cependant, le gouverneur, (car je n'ai point d'autre nom à lui donner) après nous avoir offert son présent, composé d'un cochon de lait et trois poules, nous fit interprêter, qu'après le plaisir de nous voir tous bien portans, il ne sauroit en éprouver un plus sensible que celui de déjeûner avec nous, et dès-lors le maître-d'hôtel devint l'unique objet de son attention et de ses égards. On débuta par lui offrir du thé ou du caffé, mais son odorat ayant été frappé du parfum d'un jambon, il le préféra à ces flasques breuvages, et permit que l'on y ajoutât une bouteille de vin de Bordeaux, et quelques livres de fromage. En moins d'une heure, tout cela disparut devant l'appétit de sa noire excellence, qui, satisfaite de notre accueil, crut, à son tour, devoir nous offrir ses services. C'étoit-là où nous l'attendions; le vin de Bordeaux avoit fait merveille, et il fut arrêté entre les *hauts contractans*, que les insulaires auroient la liberté d'apporter à bord tous les vivres et autres objets dont nous pourrions avoir besoin, et nous celle de nous arranger avec eux comme bon nous sembleroit.

Comme tout historien doit le portrait de son héros, je vais, monsieur, vous donner un abrégé de celui du gouverneur. C'est un homme grand, maigre, sec, et borgne. Sa tête est enveloppée d'un chiffon recouvert d'un chapeau rond que borde un galon de laine. Habit de barracan brun; veste de velours noir d'Utrecht; culottes de pluche verte, *et ses souliers tout ronds*. Il porte, à ce qu'il m'a paru, comme marques distinctives de sa dignité, outre un mouchoir bleu fort usé, et pendu à la boutonnière, un gros bâton, surmonté d'une pomme de cuivre dont il paroît faire grand cas.

Il seroit assez curieux, peut-être, de rechercher l'origine du magique pouvoir attaché aux bâtons, que l'on trouve entre les mains des conducteurs du peuple, dès la plus haute antiquité, et chez toutes les nations de la terre. *Jacob* avoit son bâton ; *Moyse* et *Aaron* eurent le leur ; les sénateurs de l'ancienne Rome avoient leurs bâtons. Les voyageurs nous disent que les chefs des îles de la mer du sud se distinguent par un bâton. Les grands magistrats de tous les empires portent le bâton. Le bâton fut de tout tems la branche la plus florissante de la puissance exécutrice du nord. Nos maréchaux de France ont leur bâton. Nos exempts de cour ont leur bâton. Le sceptre qui brille aujourd'hui dans la main des rois, doit son origine au bâton. On sait le pouvoir invisible attaché à tous ces bâtons. On sait combien le simple attouchement du bâton d'un sénateur imprima jadis de respect aux farouches gaulois, et personne parmi nous n'ignore quel est le degré d'illustration et de gloire attachée au bâton. Il me semble qu'un savant, qui parviendroit à nous montrer les racines de la puissance du bâton, feroit un ouvrage assez intéressant, et que *l'histoire philosophique et politique du bâton* en vaudroit bien une autre.

Nous avons laissé le gouverneur déjeûnant, ou plutôt dévorant. Après s'être bien repu, il sortit pour se promener sur le pont, je le suivis pour lui en faire les honneurs, et pendant que j'essayois de causer avec lui, en mêlant du françois et de l'allemand avec un peu d'anglois et d'italien, croyant faire de tout cela une langue passable pour un africain, son excellence, sensible aux efforts que je faisois pour me rendre intelligible, occupoit sa main gauche à me débarrasser de mon mouchoir, qui pendoit de ma poche droite, et travailla avec tant de succès, qu'il le fit passer dans la sienne, sans qu'il parut que la double attention qu'exigeoient sa manœuvre et mon discours, lui causât le moindre embarras. C'est ainsi, diroit un poëte, que le vautour, tenant sous sa serre cruelle le ramier qu'il déchire, prête une oreille attentive aux gémissemens de la colombe, ou que l'avide traitant... etc.... etc.

Après cette opération, qui ne m'amusa pas seul, on convint qu'un certain nombre d'entre nous iroit le lendemain à terre, négocier plus particulièrement les secours dont nous avions besoin, sur quoi notre hôte se rembarqua un peu ivre, et si charmé de l'urbanité avec laquelle je m'étois laissé voler, qu'il me serra tendrement la main, et promit de nous honorer encore de sa présence.

LETTRE XXIII.

Annobon, ce....

COMME la nécessité de faire de l'eau devoit nous retenir quelques jours ici, je proposai d'aller à terre, afin d'y reconnoître un emplacement où l'on pût établir avec sûreté nos malades. C'étoit ce que les chirurgiens avoient jugé convenir le mieux à leur prompt rétablissement. On objecta quelques difficultés sur le danger de s'exposer chez un peuple dont on ne connoissoit ni les intentions ni les mœurs; mais étant convenus des précautions à prendre à cet égard, lorsque, le lendemain, le gouverneur, alléché par le déjeûné de la veille, fut arrivé, on arrêta que, pour plus grande sûreté, il resteroit en ôtage jusqu'à mon retour, de manière cependant à ne lui montrer aucune méfiance.

On arma la chaloupe, et je m'y embarquai avec deux officiers, le chirurgien, deux sergens et deux caporaux armés de sabres et de fusils, et sur l'intelligence, la valeur et la sagesse desquels je pouvois compter. En approchant du rivage, il se couvrit d'une multitude de négres, mais comme je n'observai aucune disposition hostile parmi eux, j'ordonnai qu'on laissât, dans la chaloupe, les armes à feu, avec trois matelots pour les garder, et je mis pied à terre avec le reste.

Le premier mouvement des insulaires fut de fuir vers leurs cabannes, lesquelles, assez régulièrement alignées, formoient deux rues parallèles au rivage.

J'avois avec moi le négre qui parloit un peu anglois. Je le chargeai de rassurer ses compatriotes, et il leur eut à peine dit deux mots, que nous nous vîmes entourés de toute la peuplade, qui nous suivit à l'église avec de grandes et bruyantes démonstrations de joie.

Quoique cette église ne fût qu'une longue baraque de terre, recouverte de feuilles de palmier, l'intérieur étoit assez propre et mieux orné que ne le sont ordinairement nos églises de village. Ce peuple-ci, monsieur, n'est pas le seul qui ait un temple, un culte, et point de religion. Tout près de-là étoit la cabanne qu'occupoit le missionnaire. Je ne pus, malgré beaucoup de questions, savoir de quel ordre il étoit. Mais, à en juger par les mœurs de ses néophites, il paroît que le bon père travailla avec peu de succès à la vigne du Seigneur. Malheureusement la plupart des prêtres destinés aux travaux apostoliques, avec les intentions les plus respectables, avec un zèle vraiment sublime, échouent dans presque toutes leurs entreprises, parce que l'expérience n'égale pas toujours le zèle, et que la pureté du motif ne supplée pas toujours à l'insuffisance des moyens (1).

(1) Il faut rendre aux missionnaires françois la justice de dire qu'ils pourroient, en général servir d'exemple à tous les autres, et c'est aux lumières des chefs à qui la France est redevable de cet avantage. Pourquoi les supérieurs, chargés de donner des aumôniers aux troupes, ne mettent-ils pas le même soin dans leur choix ? J'ai vu, dans un établissement européen où la différence de religion et de mœurs doit ne rendre les ministres de la nôtre que plus circonspects et plus réguliers, j'ai vu un aumônier, intriguant, agioteur, et quelque chose de plus infâme encore, y donner l'exemple de tous les vices, et y recueillir toute la haine et le mépris que l'on

Un seul fait, que la circonstance me rappelle, vous donnera la preuve des inconvéniens qui résultent du zèle, lorsqu'il n'est pas dirigé par un esprit éclairé. Le grand mogol *Egbar* avoit fait composer un livre en faveur de la religion chrétienne. Un prêtre persan y fit une réponse, et un jésuite se chargea de la replique, qui débutoit par les

---

doit à un homme, assez vil pour prostituer publiquement le caractère et l'habit dont il est revêtu.... Mais, un couvent, un ordre religieux se trouve-t-il empoisonné d'un mauvais sujet, on lui met un habit noir, on en fait un aumônier, et le même homme devient l'opprobre et le scandale de ceux dont il devroit être le moniteur et le père. Je m'interdis de nommer celui dont je parle, parce que je pense, comme saint François de Sales, que *la vérité qui n'est point charitable, est une charité qui n'est point véritable.*

plus

plus véhémentes imprécations contre Mahomet. Un chrétien modéré observe à l'auteur, que ce procédé rend son livre inutile à ceux pour lesquels il est fait, son début injurieux devant les empêcher de passer outre. Frappé de la justesse de cette observation, le missionnaire fait une seconde édition, dans laquelle il exalte Mahomet, au point que ses supérieurs se voient forcés de l'interdire. Le grand défaut du commun des convertisseurs, est de vouloir frapper l'imagination avant de toucher le cœur, d'étonner avant d'instruire, et c'est ainsi qu'ils parviennent à détourner, sur des objets de pur appareil, l'attention qu'ils devroient d'abord fixer sur la morale. Tandis que la raison la plus fière s'humilie devant l'immensité de l'être suprême et tout-puissant, ils prétendent le faire toucher au doigt et à l'œil à des hommes simples, grossiers, ignorans, et, pour cela, ils ne leur parlent que de son incommensurabilité, de ses vengeances, sur-tout de sa gloire; et comment s'étonner de cela, monsieur, quand l'on entend le bon, le sage, le grand *Fénélon* dire : « Il » est vrai que Dieu veut notre bonheur, mais notre bonheur n'est ni » la fin principale de son ouvrage, ni » une fin égale à celle de *sa gloire*. » Notre bonheur n'est qu'une fin subalterne, qu'il rapporte à la fin dernière et essentielle qui est *sa gloire*. » Il ne faut donc vouloir notre béatitude que pour *sa gloire*, parce que » ce n'est pas l'intérêt propre de notre » béatitude qui doit nous faire desirer » *sa gloire*; c'est au contraire le desir » de *sa gloire*, qui doit nous faire » desirer notre béatitude, comme une » chose qui a plus de rapport à *sa*

» *gloire* (1) ». De-là vient que la plupart des missionnaires, au lieu de faire des chrétiens, ne font que des idolâtres; que ces idolâtres, incapables d'élever leur ame à ces sublimes contemplations, la laissent retomber sur ce qui frappe directement leurs sens; que de toutes les contrées où les missions ont porté les lumières de l'évangile, il en est beaucoup où elles sont étouffées sous l'amas des plus grossières erreurs; que, loin de guérir des hommes simples de leurs anciennes folies, nous leur en avons porté de nouvelles, en leur offrant les préceptes d'une morale divine, chargés des minutieuses pratiques, et du radotage de la superstition; et qu'enfin, au lieu de les éclairer, au lieu de les rendre meilleurs et plus heureux, nous les avons rendus

(1) Œuvres spirituelles, t. 1, chap. 3.

un peu plus aveugles, beaucoup plus malheureux, et presque aussi méchans que nous (1). Je ne sais s'il ne vaudroit pas mieux laisser croire à un talapoin qu'il commet un péché mortel, lorsqu'en mangeant il fait craquer sa mâchoire, lorsqu'il pisse dans le feu, ou qu'il met la main à la marmite, que de remplacer ces pratiques, indifférentes quoique superstitieuses, par des pratiques du même genre, et qui ne produisent d'autre effet que celui de persuader au cathécumène que de leur observance, plus ou moins scrupuleuse, dépend son salut ou sa perte éternelle. Là raison pour laquelle les jésuites tra-

(1) Ceci ne contredit en rien ce que j'ai dit ci-devant page 95 en note, des missionnaires françois, dont les mœurs, les travaux et la doctrine leur mériteront toujours un rang honorable dans la carrière apostolique.

vailloient avec tant de succès dans ce genre, c'est qu'avant de convertir les sauvages, ils les civilisoient.

LETTRE XXIV.

Annobon, ce....

PARVENUS à l'autel, monsieur, nous nous mimes à genoux, et notre *aumônier* entonna le *Salve*, *regina*, que nous chantâmes avec lui, à l'édification des insulaires. Cela fait, nous sortimes, et, toujours suivis du peuple, nous parcourumes les rues du village. Pendant ce tems-là notre interprête, que je questionnois tant que je pouvois, m'apprit que, tenté de voir l'Europe, il avoit autrefois profité de l'occasion d'un navire anglois, qui retournoit de la côte d'Afrique à Londres, et qu'après six mois de séjour dans cette ville, plus étourdi qu'heureux par des jouissances confuses et troublées ; certain que le plaisir de s'enivrer à la taverne avec des filles ne le conduiroit jamais au bonheur, et commençant à regretter vivement sa patrie, il profita d'un vaisseau qui alloit traiter à la côte, pour y revenir.

Lorsque nous fumes arrivés à la cabane de ce nouveau philosophe, il m'invita à y entrer. J'y trouvai deux enfans et sa femme, aussi jolie qu'une négresse puisse l'être, et je vous assure qu'à la beauté idéale du teint près, je n'ai jamais vu une plus aimable figure. Avec tous les traits parfaits, sa physionomie annonçoit tant de douceur, de sensibilité, d'innocence, que, dans le temple de Vesta même, on l'eût prise pour la plus pure de ses vierges.

Une espèce de table, quelques ustenciles de ménage, une natte tendue sur huit pieux, et servant de lit à toute la famille, composoient le mobilier. *Voilà*, dis-je au maître de la maison, *voilà qui est bien simple pour un homme qui a vu le luxe de l'Europe.*

LE NÈGRE.

« Oui, mais aussi moins cher et moins embarrassant.

MOI.

» Je vois que vous avez rapporté de
» nos climats le seul bien réel qu'il
» pût vous offrir : une grande indiffé-
» rence pour toutes les superfluités
» dont nous nous sommes fait des be-
» soins.

LE NÈGRE.

« Cela est vrai ».

Il ne me faut, disoit le scythe Anacharsis au roi Crésus, *ni or ni argent. Je serai trop satisfait si j'ai le bonheur de retourner plus vertueux et plus éclairé dans ma patrie* (1). Doutez-vous, monsieur, que mon insulaire ne lui en eût pas dit autant? On se plaint de ce que la nature ne produit plus de grands hommes! Oui, bien dans l'abîme de corruption où l'Europe est plongée; mais, donnez à cet africain un théâtre où son ame vigoureuse puisse se déployer; placez-le dans des circonstances propres au développement de ses forces morales, et vous verrez qu'il existe encore des Fabricius et des Pélopidas.

Après avoir parcouru les environs, je rassemblai autour de moi le plus d'habitans que je pus, et je leur fis proposer de nous céder, pour quelques jours, une ou deux de leurs cabanes, afin d'y établir nos malades. Cette pro-

(1) Diogène Laërce, t. 1, p. 75.

position excita une rumeur universelle, parce que ne voulant pas, sans l'en prévenir, descendre à main armé, chez un peuple qui nous avoit bien reçus, j'avois fait ajouter, que, pour notre sûreté réciproque, j'établirois une garde auprès de l'hôpital. Mais, persuadé de l'injustice, et du danger qu'il y auroit à nous maintenir par la force chez des gens sur lesquels nous n'avions d'autres droits à réclamer que ceux de l'humanité, je rassurai les insulaires, en leur faisant dire, que puisque nos arrangemens ne leur convenoient pas, il ne falloit plus en parler; mais que j'espérois qu'ils s'empresseroient de nous fournir tous les secours qui nous étoient nécessaires, faute de quoi nous nous verrions réduits à nous les procurer par la force. Cette déclaration produisit son effet. Un vieillard, qui paroissoit jouir de quelque autorité, l'appuya d'une harangue, que l'on écouta avec attention, et, son éloquence ayant ramené les esprits,

Chacun fut de l'avis de monsieur le doyen.

Dès ce moment la confiance fut rétablie parmi nous, et pour convaincre les insulaires que j'agissois de bonne foi, après avoir donné l'heure à laquelle chacun devoit se rendre à la chaloupe, et être convenus d'un signal de ralliement, en cas de surprise, nous nous dispersames.

Je ne gardai près de moi qu'un officier et un sergent. Je visitai plusieurs cabanes, qui, toutes, étoient plutôt des repaires que des habitations humaines; vieillards, hommes, femmes, enfans, tous y grouilloient pele-mêle, et ces *rois de la nature*, assis sur le cul dans la fange, regardoient un de leurs semblables avec des yeux étonnés et stupides. Je détournai les miens de ce spectacle humiliant, et je continuai à me promener dans les environs. Quelquefois, en passant près d'un grouppe d'arbres, je voyois des jeunes négresses, que le doux instinct de la pudeur chassoit devant moi, m'observer d'un œil curieux, et je souriois en voyant que la nature, par-tout la même, s'expliquoit par-tout avec les mêmes signes, jusqu'à ce que les institutions sociales leur aient substitué ceux de convention, et que les regards fixes et hardis du vice impudent, aient succédé aux regards timides et furtifs de l'innocence. La chose du monde la plus révoltante pour les étrangers qui arrivent dans une certaine grande ville de l'Europe, quand ils n'ont pas encore perdu toute pudeur, c'est la hardiesse décidée du regard des jeunes femmes. Je ne sais si cette monstrueuse habitude leur vient du fol desir de pénétrer le cœur humain; mais je sais que le mien s'est serré, toutes les fois que j'ai vu une jolie figure, barbouillée d'un rouge ardent, braquer sur moi deux brillans télescopes (1).

Après avoir erré quelque tems, sans tenir de route certaine, je retournai à la chaloupe, où chacun s'étoit rendu. Je me rembarquai, et nous retournames au vaisseau, accompagnés de trente canots chargés de vivres, et sur-tout de beaucoup de fruits, ressource précieuse,

---

(1) Encore ces dames se servent-elles de leurs yeux; mais ces messieurs qui, le microscope à la main, vous toisent de près comme de loin, par-devant et par-derrière, en face et de profil, comme pourroit le faire un naturaliste qui cherche à deviner l'organisation physique d'un insecte!.... Il faut avouer que l'affectation de paroître aveugle, est une de ces folies qui ne pouvoit tomber que dans des têtes françoises! O! Molière!

et qui nous eût peut-être manqué, si, dans mon entrevue avec les insulaires, je m'étois laissé aller à la jactance européenne.

Si jamais, monsieur, vous avez à aborder chez quelque peuple que ce puisse être, pour y solliciter de l'assistance dans vos besoins, croyez qu'avec une conduite juste et ferme vous obtiendrez tout, parce que la justice, sur laquelle posent toutes les vertus, est gravée dans tous les cœurs; que les hommes les plus simples sont ceux qui opposent le moins de résistance à ses loix, et qu'en l'étayant d'une fermeté tranquille, vous lui donnerez toujours cet ascendant victorieux qui n'abandonne jamais la vérité.

LETTRE XXV.

Annobon, ce....

Dès mon retour à bord, il s'établit, entre nous et les insulaires, un commerce, d'autant plus singulier, que l'argent n'ayant aucune valeur à leurs yeux, si on leur eut offert un sac de douze cens francs, ils eussent certainement préféré le sac à la matière. Il nous fallut donc en revenir aux règles primitives du négoce, et tous nos marchés se firent par échanges. Si l'on en croit le Voyageur françois, c'est dans cette partie-ci du monde, c'est en Afrique que les européens devroient venir prendre des leçons de la probité, sans laquelle aucun commerce ne peut subsister. « La manière dont les habitans de » Gadmis commercent avec les nègres » leurs voisins, est singulière. Les uns

» et les autres se rendent à une mon-
» tagne de la Nigritie, et restent
» chacun de leur côté. Les Gadémois
» s'avancent jusqu'au milieu de la mon-
» tagne, y étalent leurs marchandises,
» et se retirent. Les nègres arrivent à
» leur tour, examinent ce qu'on leur
» apporte, placent sous chaque chose
» la quantité de poudre d'or qu'ils veu-
» lent en donner, et s'en retournent à
» leur poste. Ceux de Gadmis revien-
» nent une seconde fois, et si la
» poudre d'or laissée par les nègres,
» leur paroît équivalente au prix qu'ils
» ont marqué sur leurs marchandises,
» ils prennent la poudre, et laissent
» ces dernières. Si, au contraire, cette
» poudre leur paroît insuffisante, ils
» n'y touchent point, et s'en retournent
» de nouveau. Les nègres ne man-
» quent pas d'y faire l'addition con-
» venable, et n'emportent les mar-

» chandises, que quand la poudre a » été elle-même enlevée » (1). Vous verrez cependant, monsieur, que les nègres d'Annobon ne se piquent pas absolument d'imiter leurs confrères.

Chacun de nous se fit donc marchand. On donnoit des bas, de vieux mouchoirs, du fil, des aiguilles, etc. pour des poules, des cochons, des canards, des ananas, des oranges, du maïs, etc. nos moindres guenilles trouvoient des acquéreurs, de sorte que le

---

(1) Je cite avec autant de confiance que de plaisir le Voyageur françois, parce que, par-tout où j'ai été dans le cas de le consulter, je l'ai trouvé de la plus grande exactitude, ce qui non-seulement prouve qu'il a travaillé sur de bons mémoires, mais qu'au talent de bien écrire, à beaucoup d'esprit et de connoissances, l'abbé de la Porte joignoit un jugement sûr. Voyez le tome 1, page 178.

plus

plus mince fripier eût pu charger un vaisseau du produit de son magasin. Si l'on eut laissé faire nos soldats, ils se seroient mis tout nus pour se procurer des vivres frais, et se fussent découvert le derrière pour se remplir le ventre. Nous avions plusieurs barriques de bœuf, de lard, de morue qui s'étoient gâtées. Les nègres recevoient, dévoroient tout cela avec avidité. Semblables aux siamois qui préfèrent, dit-on, les intestins des animaux et le poisson pourri à la meilleure nourriture, l'infection des viandes les plus corrompues étoit pour eux, ce qu'est pour un gourmet de l'Europe, le plus délicat fumet.... Allez après cela disputer des goûts, et faire des dissertations sur *le bon* ou *le mauvais* positifs. Jamais les dieux de l'Olympe ne burent le nectar céleste avec autant de volupté, que ces malheureux en éprouvoient à boire de la mauvaise eau-de-vie, trempée aux trois quarts de notre eau noire et puante (1). Je conçois qu'un samoïede puisse manger crud le poisson qu'il tire de l'eau, et le chevreuil qu'il vient d'abattre ; mais je sentis mon cœur se soulever, en voyant les insulaires mordre, sans aucune répugnance, dans un morceau de lard bien rance et bien jaune.

Comme nous avions pris la précau-

---

(1) Cette circonstance m'ayant forcé à réfléchir sur la fureur avec laquelle les sauvages, sans contredit les peuples les plus heureux, recherchent l'eau-de-vie, j'ai frémi d'horreur en croyant entrevoir que la propriété de leur ôter la raison, étoit précisément ce qui lui donnoit tant de prix à leurs yeux... O ! malheureux humains ! Qu'est-ce donc que cette raison dont vous êtes si fiers, puisque les hommes les plus simples, les moins corrompus, sont réduits à chercher quelques instans de bonheur dans le délire de l'ivresse !

tion de doubler la garde et les sentinelles, tout se passoit dans le plus grand ordre. Au coucher du soleil on tiroit un coup de canon, et à ce signal imposant, dont on n'avoit même pas eu besoin de leur expliquer le sens, tous les africains se précipitoient dans leurs canots, et retournoient au rivage, sur lequel ils entretenoient toute la nuit des feux. Quelquefois aussi, lorsqu'il nous arrivoit de ne pas les surveiller avec assez d'attention, ils déroboient tout ce qui se trouvoit à leur portée, se jettoient à la mer avec leur proie, et regagnoient la terre en nageant entre deux eaux. J'ai donc de fortes raisons pour croire ce peuple fripon et méfiant; mais, comme il est encore plus poltron, on lui en impose aisément. Si, comme je le crois, la force peut être bonne à quelque chose, je pense que ce seroit le premier moyen à employer pour le civiliser ; car, comme à ses vices, qui sont ceux de la foiblesse, il joint, sans doute, les vertus qui appartiennent à l'ignorance, il faudroit le forcer à être juste, avant de songer à le rendre heureux. J'ai dit la force, monsieur, qu'il ne faut pas confondre avec la violence. La force établit et maintient l'ordre. Elle n'a jamais plus de ressort que lorsqu'elle reçoit son impulsion de l'amour et de la confiance. La violence, toujours aveugle, ne marche, au contraire, à son but, qu'en relâchant ou rompant tous les liens. Au reste, qui sait si le vol, ce vice contre nature, quoi qu'en disent quelques sophistes ; qui sait si le vol n'est pas chez ces gens-ci, le fruit du commerce qu'ils peuvent avoir eu avec les européens ? Demandez à un caraïbe ce qu'est devenu le meuble qui a disparu de sa cabanne ? *Il faut*, vous répondra-t-il, *que quelque chrétien soit entré chez moi.*

Ce seroit, peut-être, ici le moment de vous faire part de mes idées sur l'importance d'une possession telle que celle-ci pour une puissance qui fait le commerce de l'Inde et de l'Afrique, et que le Portugal semble avoir absolument abandonnée. Mais je me réserve à m'occuper de cet objet dans un tems plus calme, et j'observerai seulement, 1°. que l'île d'Annobon, située au-delà de la ligne, deviendroit une relâche, d'autant plus précieuse, qu'abondante en eau, en bois, en bétail, en fruits, elle dispenseroit ses possesseurs de payer, au cap de Bonne-Espérance, le triple de la valeur des secours que l'on va y chercher; 2°. qu'elle deviendroit un entrepôt avantageux pour le commerce de la côte d'Afrique, côte mal-saine et dangereuse dans sa plus grande étendue,

quoique l'on ait écrit que, « *nulle part*,
» sur cette côte immense on ne voit
» de ces rochers affreux, dont l'aspect
» repousse le navigateur; que, *par-*
» *tout* la mer est tranquille, le vent
» régulier, l'ancrage sûr; que, *par-tout*
» on trouve des ports excellens, où
» l'on peut se livrer sans inquiétude
» au travail qu'exige le radoub des
» plus grands vaisseaux (1) ». Tandis que tous les marins, ceux avec lesquels j'ai navigué pendant une année entière, et qui tous avoient fait la traite, m'ont assuré le contraire, c'est-à-dire, qu'une grande partie de la côte, garnie d'une chaîne de brisans, est inabordable aux vaisseaux, qui sont obligés de mouiller en dehors; que le climat y est d'une insalubrité affreuse, et que cette cause

---

(1) Histoire philosophique et politique, t. 4, p. 347.

jointe aux fatigues excessives qu'occasionne l'aller et le venir, en raison du danger de l'aterrage, même pour les embarcations du pays, est ce qui rend le commerce d'Afrique si dangereux, que les armateurs sont réduits à faire des avantages considérables à ceux qui s'en chargent, et qui résistent rarement à plusieurs voyages (1). J'observerai enfin, que l'île d'Annobon est, et par sa position, et par les ressources de son sol, une possession au moins aussi

(1) Je laisse à l'auteur et à ces messieurs le soin de s'accorder. Mais, s'il faut en juger par le teint have et plombé, les infirmités précoces, la vieillesse prématurée de la plupart des négriers, je crois que c'est l'auteur qui a tort. Le desir de ne dire que la vérité, ne met pas toujours l'écrivain, qui ne voit pas les choses par lui-même, dans le cas de ne tromper personne, et j'observe cela pour moi comme pour les autres.

avantageuse que les îles Saint-Thomas, Saint-Mathieu, Sainte-Hélene, etc.

Je vous ferai grace, monsieur, du récit d'une altercation qui eut lieu entre les insulaires et nous, dont le motif et les suites eussent pu ressembler aux motifs et aux suites de la guerre de Troie (1), et qui ne rompit cependant point la bonne intelligence qui régnoit

(1) Selon moi, la principale beauté de l'Iliade est dans la morale qui résulte de son dénoûment, parce qu'il étoit juste que les vengeurs de l'hospitalité violée, de l'honneur outragé, de l'injure faite aux mœurs, eussent la consolation de punir l'homme foible et coupable, qui osa donner asile et secours au violateur des droits les plus sacrés. Je sais bien qu'aujourd'hui cela seroit d'un ridicule insoutenable, et qu'un *Ménélas* qui s'aviseroit de courir après son Hélene, se feroit siffler, lui et tous les cocus ses confrères. D'autres tems, d'autres mœurs.

entre nous et les noirs. Ils continuèrent à nous apporter des vivres, et si l'amour, qui a toujours beaucoup troublé le monde, relâcha pour quelques instans les nœuds de notre amitié, l'intérêt les resserra, et nos hôtes continuèrent, comme vous l'allez voir, à nous rendre d'importans services.

Je vous ai dit que nous avions beaucoup de malades sur les cadres, tous attaqués du scorbut, la plus vilaine de toutes les maladies. Un nègre, touché de leurs souffrances, nous assura qu'il possédoit un remède infaillible contre ce fléau des navigateurs; que ce remède, fort simple, étoit composé d'une terre grise et friable, délayée dans de l'huile de palmier; et que, moyennant un léger salaire, lui et un autre docteur en médecine, se chargeroient de guérir tous nos scorbutiques. Cette découverte nous combla de joie, et persuadés qu'un fluide aussi doux ne pouvoit produire qu'un effet salutaire sur une maladie inflammatoire, qui se manifeste par des irruptions, nos malades furent, plusieurs fois par jour, frottés de cette drogue, et, ce qui vous paroîtra aussi prodigieux qu'à nous, c'est que ceux auxquels, en arrivant ici, on ne donnoit plus deux heures à vivre, furent, au bout de deux jours, en état de marcher. On sait, au reste, que le bois de sandal pilé et amalgamé avec de l'huile de palmier, donne un onguent dont on se sert pour la petite-vérole, et qu'en y mêlant du vinaigre, on l'emploie avec succès dans les maladies vénériennes. Il faut cependant observer aussi, que l'air de terre, les vivres frais, les fruits sur-tout, doivent avoir beaucoup contribué au succès de ce remède. Enfin, et quoi qu'il en soit, il ne seroit pas moins digne de la sagesse d'un gouvernement humain et bienfaisant de porter son attention sur cet objet.

LETTRE XXVI.

Annobon, ce....

COMME nous avions un pressant besoin d'eau, les nègres, toujours sous l'appas de quelque chose à recevoir ou à prendre, se chargèrent de nous enseigner une aiguade, et nous offrirent leur secours. En conséquence, on expédia la chaloupe avec les futailles vuides. Je me donnai le plaisir de la suivre dans un canot, que deux nègres conduisoient, et qui, vu son peu de largeur, étoit une voiture aussi vacillante qu'incommode.

En longeant la côte, nous arrivâmes, au bout d'une demi-heure, dans une espèce de cricque, formée par l'embouchure d'un torrent qui coule à travers une étroite vallée.

Quoique les rescifs qui bordent la côte rendissent son accès difficile, j'y touchai sans peine avec mon canot, tandis que la chaloupe fut obligée de mouiller à deux encablures de la terre. Cet inconvénient devenoit un obstacle invincible pour nous autres européens savans. Nous eumes donc recours à nos amis, dont plusieurs avoient suivi la chaloupe, et leur *instinct*, plus puissant que notre *art*, vint heureusement à notre secours. Je n'oublierai jamais, monsieur, que notre maître-canonnier, vieux bonhomme très-vain, ne vouloit absolument pas que nous eussions *la honte de recourir à ces coquins de nègres*, *qui*, disoit-il, *ne nous aidoient que par intérêt*... Comme si l'honnête vieillard eût servi ses armateurs gratis.

Dès que la chaloupe eut mouillé, les Africains jettèrent les futailles à la mer; ils les suivirent, et les poussant devant eux, tantôt avec la tête, tantôt avec une main, ils les firent passer à travers un labyrinthe de rochers, contre lesquels nous les eussions d'autant plus sûrement fracassés, que la mer y brisoit violemment. Lorsque les pièces furent pleines, ils les reconduisirent, par le même procédé à la chaloupe, de sorte que ce qui, sans pouvoir répondre du succès, nous eût peut-être coûté trois jours de travail, fut exécuté, par *ces coquins de nègres*, en moins de deux heures.

Pendant que cette opération avoit lieu sur le rivage, et que nos Archimèdes humiliés, regardoient d'un œil, plus envieux qu'éclairé, le triomphe de la nature sur la science, je remontai seul le torrent, bordé de beaux arbres, dont la cîme inclinée formoit une voûte, impénétrable aux rayons du soleil, tandis qu'une eau limpide, tantôt emprisonnée dans un étroit canal, tantôt divisée en rameaux, ou tombant en nappe argentée, fuyoit, et frappoit de son doux murmure les échos solitaires. Des deux côtés, la pente des collines étoit couverte d'une épaisse forêt d'orangers, de citronniers, d'arbustes chargés de fruits et de fleurs qui embaumoient l'air, et dont les formes élégantes, négligées, contrastoient avec les formes dures et bisarres de quelques rocs sourcilleux, dont la tête chauve et menaçante, semblable au front d'un vieux tyran, dominoit avec orgueil sur les plantes timides et décolorées qui rampoient à ses pieds.... O! société! voilà donc ton image!

L'inaction tue encore plus que la fatigue. Le peu d'usage que, depuis près de quatre mois, j'avois fait de mes jambes, ne me permit pas d'aller plus loin. J'étois las; je m'assis. L'épaisseur de l'ombrage, la tranquillité de l'air, la fraîcheur, l'obscurité, me jettèrent dans cette espèce de rêverie que provoque la solitude, et que nourrit le silence. Le calme mélancolique de la nature avoit passé dans mon ame. Seul, loin de tout ce qui m'est cher, je songeai aux jours paisibles de mon enfance, à tant de si douces heures passées dans le sein de la confiance, de l'amitié.... Dirai-je de l'amour, et je m'écriai, avec Saint-Preux, dans l'Elisée de Clarens; ô Tinion! O Juan-Fernandez!

Une voix qui m'appelloit pour retourner à bord, dissipa mon extase. Je me levai, je pris tristement congé de mes arbres, et je me rembarquai. Pendant le trajet, réfléchissant à la beauté de mon île, à sa prodigieuse fertilité, aux avantages de sa position; je formai le projet d'en faire le tour par mer, et mon imagination m'avoit déjà fait entrevoir les découvertes les plus utiles, les tableaux les plus rians. Mais, quoique, à mon retour à bord, j'offrisse de ne me servir que de canots indiens, de ne mener avec moi qu'un seul homme, de revenir sur mes pas, si je voyois que cela dût aller trop loin, la timidité prévit tant d'obstacles, la prudence m'embarrassa de tant de difficultés, on m'opposa tant de *mais*, tant de *si*, que je me vis forcé de renoncer à mes découvertes, et j'en aurai un éternel regret (1).

---

(1) J'ai su depuis le véritable motif de tout cela. Quelqu'un, qui prétendoit m'avoir pénétré, avoit assuré que j'étois capable de tout quitter, pour me fixer à Annobon, et

LETTRE XXVII.

Annobon, ce....

ON dit, monsieur, que le plaisir perd la moitié de son prix, lorsqu'il n'est point partagé. Je crois cette maxime générale susceptible d'exceptions, car que deviendroient, sans cela, les charmes de la solitude? N'est-ce pas dans la solitude que le sage, libre de toute contrainte, s'entoure, en idée, de tout ce qu'il aime, dispose en maître des objets, se crée des relations, se forme une société selon son cœur, et,

---

cela, parce que j'avois dit, la veille, que si Robinson eût été sage, il seroit resté dans son île, au lieu de venir s'exposer à se faire dévorer par les loups européens. Le fait est que si j'avois fait la folie de m'établir à Annobon, j'aurois encore fait celle de n'en jamais sortir.

plaçant le monde entier dans un désert, ne connoît d'autre bonheur que celui d'y vivre seul, ni d'autre espoir que celui d'y mourir en paix ? Mais laissant-là les exceptions, je reviens au principe d'où je suis parti.

Autant j'aimois à prolonger mon sommeil, pendant que nous étions en mer, autant j'aime à l'abréger ici. Ce matin l'aurore n'avoit pas encore fait blanchir les étoiles, que j'étois déjà sur le pont. Tout promettoit une belle journée. Une foible brise de terre nous apportoit, avec le parfum des aromates, la fraîcheur d'une abondante rosée. Les nègres matineux quittoient leurs cabanes. Les uns gagnoient les forêts pour y cueillir des fruits; d'autres préparoient leurs canots pour la pêche. Le rivage retentissoit de leurs cris. Des lieux humides de l'île s'élevoit une vapeur grisâtre, qui bientôt, condensée par la fraîcheur de l'atmosphère, formoit des nuages qui s'évaporoient dans les airs. Enfin, le soleil paroît, et ses premiers rayons brillent à peine aux portes de l'orient, que déjà le sommet du pic d'Annobon étincelle de tous ses feux.... Quel grand, quel sublime spectacle, monsieur, que la naissance d'un beau jour! Non! Potentats de la terre, quelque appareil de luxe et de magnificence que le plus puissant de vous veuille étaler à son lever, il n'aura jamais la pompe et la splendeur de celui du soleil!

Cependant, tout renaissoit, tout s'animoit autour de nous. La terre retentissoit du bêlement des animaux, la mer se couvroit de pirogues pleines d'indiens. Les uns nous apportoient des vivres et du bois : d'autres pêchoient : d'autres, jaloux de nous montrer leur adresse, voyant une immense baleine flotter près d'eux, commencent par l'entourer, puis, approchant en silence, lorsqu'ils sont à sa portée, ils lui lancent tous, de toutes parts, et en même-tems leurs légères pagayes. La baleine frappée, fuit, s'élance, plonge, reparoît, fait bouillonner la mer, et n'échappe aux traits de ses ennemis qu'en se creusant une retraite au sein des abîmes de l'océan. J'ai vu des nègres, chavirés par le monstre marin, retourner lestement leur canot, le vuider, et s'y replacer, avec la même aisance que s'ils eussent fait cette opération sur le rivage.

Dès la veille nous avions résolu de donner ce jour-là au plaisir. Le pont fut jonché de verdure, on déploya la tente, le cuisinier eut ordre de s'évertuer, chacun se *pavoisa* de son mieux, et si vous eussiez pu nous voir, à l'air de fête qui régnoit parmi nous, vous nous eussiez pris pour des payens qui préparoient un sacrifice à leurs dieux. J'avois oublié de vous dire que, le premier jour de notre arrivée ici, un navire ostendois, allant au Cap, avoit mouillé près de nous. Après nous être réciproquement visités et rendu les services que l'on ne se refuse que trop souvent en mer, nous avions prié quelques-uns de ses officiers à dîner. On ne servit que du poisson frais, des légumes du pays, de la volaille, et des fruits à toutes les sauces. Le vin de Bordeaux, le café, les liqueurs coulèrent à grands flots, et jamais les coûteux festins de Lucullus ne furent animés d'une joie plus vive (1).

---

(1) Ce cochon, grand homme de guerre d'ailleurs, dépensa, comme on sait, 25000 livres dans un souper qu'il donnoit, impromptu, à Cicéron et à Pompée. S'il

Voici, je crois, monsieur, le moment de vous parler des mœurs et du caractère général des marins.

Soumis, pendant les trois quarts de leur vie à toutes les privations, ils savent les supporter avec courage tant qu'ils sont en mer; mais, dès qu'ils l'ont quittée, ils se jettent avec fureur sur tout ce qui leur offre quelque ombre de plaisir. Réduits à lutter des années entières contre le tourbillon de dangers et de travaux auxquels ils sont exposés, leur tête, exaltée par l'effervescence d'un sang desséché et bouillant, commence par des calculs de fortune, et finit par des tableaux de volupté, qu'ils cherchent à réaliser à la première occasion, et qui leur ont coûté leur fortune et leur santé, avant

---

n'eût su faire que cet usage-là de ses rapines, sa mémoire devroit être en exécration.

d'avoir pu en ébaucher quelques froides copies. De-là vient que les marins, et les marins françois sur-tout, tourmentés par une imagination ardente, prodigues de leurs forces et de leur activité, se livrant aux plaisirs de tout genre comme aux travaux de leur état, hâtent le dépérissement de leur constitution, et finissent par arriver, à quarante ans, au point de décrépitude qui caractérise la vieillesse. C'est à ces mêmes causes qu'il faut aussi attribuer la rudesse d'esprit et de caractère dont on les accuse, mais dont l'on a tort de leur faire un reproche. Tous les marins, de la classe de ceux dont je parle, débutent par être mousses, et le sont, jusqu'à ce qu'ils aient acquis assez d'âge, de talens, de protection ou d'argent pour aller plus loin. Or, comment se pourroit-il qu'un enfant, livré à une troupe d'hommes durs et rustiques, acquît des mœurs douces, dans une école où les imprécations sont les seuls ornemens de la langue qu'on y parle : où l'autorité, nécessairement arbitraire du chef, prononce ses arrêts sur le même ton : où les coups et les fers sont les seuls châtimens en usage; enfin, où la nature même semble leur faire une loi de la force, par laquelle ils peuvent seuls la dompter. Mais, si l'homme destiné à vivre avec eux, se sent d'abord repoussé par la sécheresse de leur esprit, la brusquerie de leurs manières, il en est bien dédommagé à la longue, en découvrant chaque jour, sous cette écorce raboteuse, la loyauté et la franchise, une confiance ingénue, des principes d'ordre et de probité inaltérables; enfin, toutes les vertus antipodes des vices dont la fausse et perfide politesse, l'adroite et tortueuse dissimulation des gens du monde ont, sous le nom d'égards et de bienséances, infecté la société. Une observation plus importante à faire, c'est le peu d'instructions des jeunes marins, dans les sciences relatives ou indispensablement nécessaires à leur état. Les parens pauvres, pressés de se débarrasser de leurs enfans, se hâtent de leur faire acquérir quelques notions de pilotage et de marine, graissent, comme on dit, la patte à un examinateur, et achètent ainsi, par le sacrifice de quelques louis, le droit de disposer un jour de la vie et de la fortune de leurs semblables (1).

(1) Un ministre dont l'activité se porte sur tout ce qui peut contribuer à l'avantage de l'état, s'occupe d'une nouvelle ordonnance de marine. On peut être sûr que si cet objet entre dans le plan de sa législation, il y sera traité avec la supériorité de lumières et de connoissances que l'on trouve si rarement unies à l'amour du bien. Je ne fais cette note

Si, à ces examinateurs on joignoit d'anciens et vieux marins, que l'on en composât un tribunal, chargé de scruter les sujets qui se présenteroient; ne pensez-vous pas, monsieur, que cette institution pareroît à l'abus dont je parle, sur-tout si les membres étoient payés, non par les candidats, mais par le gouvernement, et qu'il fût permis aux capitaines ou *maîtres* (1) de réclamer une autorité supérieure, dans le cas où on lui eût fourni un sujet inca-

---

que pour éviter le reproche d'avoir hasardé des réflexions que les circonstances peuvent rendre aujourd'hui fausses ou inutiles.

(1) Lorsque l'on appelle un marchand *capitaine* devant un officier de la marine royale, celui-ci s'en trouve offensé, et vous n'offensez pas moins l'autre si vous l'appelez *maître un tel*. Lorsque la vanité est le caractère distinctif, il faut renoncer à accorder jamais les égards de société avec la justice.

pable ? Pardonnez-moi cette réflexion en faveur du motif qui me l'a dictée, c'est celui du bien public.

Une journée que nous avions consacrée à la joie, devoit finir par un spectacle, et nous en eumes un que la force et le courage des acteurs, le lieu de la scène, et l'intérêt de l'action égaloient aux tragédies du plus grand genre.

Depuis quelque-tems une immense baleine se promenoit autour de nous, avec une sorte d'inquiétude qu'elles n'ont pas ordinairement. Nous en sumes bientôt la cause en voyant un espadon (1), qui sembloit la poursuivre

---

(1) L'espadon est une espèce de baleine de neuf à dix pieds de long, armée d'une scie en forme d'épée, longue à-peu-près d'une aune, dure, forte, recouverte d'une peau, et armée des deux côtés de dents ap-

et la défier au combat. La baleine se modéra long-tems, et paroissoit même mépriser son foible adversaire. Enfin, l'indignation l'emporta sur le mépris, et c'est alors que s'engagea un combat dans lequel Homère et Virgile eussent pu trouver un objet sublime de comparaison. La baleine terrible et furieuse, tantôt creusoit autour d'elle des abîmes, tantôt, perpendiculairement dressée sur

---

platies et tranchantes, d'une transparence de corne, et longues d'un demi-pouce. Il porte cette épée en avant au bout antérieur de la tête. Il attaque la baleine par-tout où il la trouve, et les nègres de la côte ont le plus grand respect pour ce poisson. Quand ils peuvent en prendre un, ils lui coupent la scie, et l'honorent comme une fétiche. Si l'on en faisoit de même à tous les animaux malfaisans qui ont des temples sur la terre, leurs adorateurs ne s'en trouveroient que mieux. *Voyez Bomare*, art. *Baleine et Espadon*.

sa queue, sembloit de son poids énorme vouloir écraser son ennemi, puis retombant en masse, faisoit retentir le rivage du bruit effrayant de sa chûte. L'espadon, plus agile, l'évite avec adresse, et, prompt à saisir son avantage, s'élance sur elle en cherchant à la percer de son dard. Le combat fut long et opiniâtre; mais comme la baleine qui, pour se mouvoir, a besoin d'une plus grande profondeur d'eau, s'éloignoit insensiblement, nous finimes par les perdre de vue, sans savoir quel fut le dénouement de cette aventure. Les marins m'ont dit que lorsque l'espadon parvient à percer la baleine, la dentelure de son arme ne lui permettant plus de la retirer, ils finissent par mourir ainsi attachés l'un à l'autre.... Vous le voyez, monsieur; l'homme n'est pas le seul animal que ses aveugles passions conduisent à la mort!

LETTRE XXVIII.

Au Cap de Bonne-Espérance, ce....

Quoique malade et souffrant, monsieur, je vais achever de vous rendre un compte succinct du reste de notre voyage, et profiter d'un vaisseau qui retourne en Europe, pour vous faire passer toutes mes lettres. Je reprens donc mon récit où je l'avois laissé.

Le 13, je retournai à l'aiguade, et ce jour-là je ne fis que marcher. Il faut avoir été quatre mois enfermé dans un navire pour concevoir le plaisir que l'on trouve à se promener. Je suis persuadé qu'un marin ou un prisonnier peuvent seuls en connoître tout le prix; et si j'avois alors tenu-là le philosophe, ou le fou (1) qui nioit l'existence du mou-

(1) Zénon.

vement, il me semble que je lui aurois prouvé, sans replique, qu'il est aussi nécessaire au bonheur de l'homme qu'à l'harmonie de l'univers.

Parmi plusieurs plantes rares que je rencontrai dans mes courses, je vis beaucoup de cotonniers, et quelques tamariniers. Le premier ne s'élève guère à plus de quatre ou cinq pieds, et porte une fleur divisée en cellules. Cette fleur contient un duvet blanc, très-fin, et plus brillant que la plus belle soie. Le tamarinier est peut-être le plus beau de tous les arbres, tant par son élévation, que par la grace avec laquelle les touffes pendantes de son fruit se grouppent avec les formes élégantes de ses rameaux. Vous savez le parti que la médecine tire de ce fruit. J'en ai beaucoup mangé, et je lui ai trouvé un acide agréable, reconnu pour très-sain. Je laisse-là les autres observations, tant sur le sol que sur ses productions, et je finis par la plus singulière, c'est que, dans les parties occupées par les orangers et les citronniers, en creusant la terre à plus d'un pied, je lui aî constamment trouvé la couleur jaune, et le goût ainsi que le parfum d'une compotte d'oranges. Je n'ai d'ailleurs eu connoissance d'aucun insecte ni reptile venimeux. Je n'ai vu de quadrupèdes que des porcs, des moutons, et je n'ai pu tirer autre chose des habitans, sinon que dans l'intérieur de l'île, on trouvoit des *quaquas*, qui, d'après mes conjectures, ne peuvent être qu'une espèce de daims.

Toutes nos provisions étant faites, nos cages garnies de volailles, notre pont de quadrupèdes, nos filets d'oranges, d'ananas, de bananes, de cocos, etc. le 14 septembre nous mimes à la voile par un fort beau tems.

Dès le surlendemain je tombai dangereusement malade d'un abcès dans la tête, suite trop malheureuse d'une chûte de cheval, que j'avois faite à Oléron, la veille même du jour où je m'embarquai. Je ne vous parlerai donc pas du reste de notre navigation. Sans connoissance, pendant plus de trois semaines, je vous assure que personne ne savoit moins que moi ni où j'étois, ni où j'allois. Le 13 novembre on vit terre, le 14, nous mouillames dans la baye de la Table, et le 15 je mis pied à terre.

Voilà les seuls détails que je puis vous faire aujourd'hui. J'en ai oublié ou supprimé beaucoup, mais comme ils n'ont rien de fort curieux, je vous conseille de m'en faire grace. Si ma santé se rétablit, je tâcherai de satisfaire à votre desir de connoître ce pays-ci, où malgré mon état, malgré des momens d'une absence de mémoire absolue, quelques heures de relâche me mettront à même de recueillir des observations, qui auront au moins le mérite d'être justes; car il faut l'avouer, de toutes les relations que j'ai lues, je n'en ai encore point trouvé qui aient cet avantage. Chaque voyageur a apporté ici ses préjugés, sa manière de voir, et tous se contredisent.

Adieu donc, monsieur. Si, dans le travail que je vais entreprendre, le cœur seul pouvoit toujours guider la raison, je répondrois peut-être du succès. L'intérêt du sentiment couvre bien des fautes. Mais, lorsque l'on a à discuter des objets auxquels le sentiment n'est pas toujours lié, quel est l'observateur qui, livré aux seules lumières de son esprit, osera le garantir inaccessible à l'erreur ? Tout ce que peut faire l'homme raisonnable et juste, c'est d'errer de bonne foi ; de marcher avec circonspection dans sa carrière ; de se préserver des illusions de l'amour-propre, de se surveiller lui-même avec sévérité, sans toutefois se rendre l'esclave ou l'écho de l'opinion et des erreurs accréditées. Si ces conditions suffisent, je vous réponds de vous, de moi, et de tous ceux qui, sachant que la perfection est une chimère de l'orgueil, auront la justice de me lire avec impartialité, et de me juger avec indulgence. Adieu, monsieur.

Suite de la note de la page 6.

« *Il faut une morale en paroles et une* » *en action*, a dit le célèbre citoyen de » Génève ; *la première est dans le caté-* » *chisme, l'autre est dans les fables de* » *la Fontaine pour les enfans, et dans* » *ses contes pour les méres* ». Personne n'aime et n'admire la Fontaine plus que moi : le plaisir que je prends à le citer en est la preuve. Mais cela ne m'empêchera pas d'ajouter au reproche que lui fait Rousseau, d'apprendre aux enfans *à tuer un jour à coup d'aiguillon ceux qu'ils n'oseroient attaquer de pied ferme* ; le reproche tout aussi fondé de ne pas toujours appliquer la morale de ses fables, de manière à ne lui laisser aucune fausse interprétation. Combien ne voyons-nous pas d'hommes, fiers de pouvoir dire, comme le roseau :

Je plie et ne romps pas ;

se faire un méprisable honneur de savoir céder à toutes les impulsions, louvoyer à tous les vents, dévorer tous les mépris, et partir de-là pour insulter à la probité rigide et sévère? Je doute que le vertueux duc de Montausier, cet homme si estimable, si estimé de ceux mêmes devant qui il ne sut jamais *plier*, ait beaucoup goûté une maxime, trop favorable aux gens de cour, pour qu'ils n'en aient pas fait depuis leur devise.

Disons la vérité. Tout simples, tout honnêtes gens, tout philosophes qu'étoient la Fontaine et Molière, ils n'avoient pas su échapper tout-à-fait à l'esprit de servage et d'adulation qui avoit gagné tous les gens de lettres de leur tems; et s'ils surent dire de grandes vérités morales, ils ne surent jamais lancer un trait courageux au vice en crédit. Persuadés,

Qu'il ne faut à la cour ni trop voir ni trop dire.

tandis que l'un donnoit aux courtisans des leçons de souplesse, dans l'exemple du roseau, l'autre ridiculisoit la vertu austère dans le misantrope. « *Composons, monsieur de la* » *Fontaine. Je promets, quant à moi, de* » *vous lire avec choix, de vous aimer,* » *de m'instruire dans vos fables; car*

» *j'espère ne pas me tromper sur leur ob-*
» *jet* », mais, permettez-moi aussi de vous demander si vous avez toujours cru que ceux qui vous liront *ne prendroient jamais le change, et qu'au lieu de se corriger sur la dupe, ils ne se formeront pas sur le fripon* (1) ? Quoi qu'il en soit, je ferai plus, je lirai même vos contes, non pas pour y apprendre les *bons tours* de vos *trois commères*, mais pour y admirer la grace, la facilité, l'enjouement de votre style, et surtout ces traits de naïveté sublime, qui feront encore long-tems le désespoir de vos imitateurs.

---

(1) Emile, t. 1, page 184.

FIN.

TABLE

De la seconde Partie.

APPROBATION.

J'AI lu, par ordre de Monseigneur le Garde des Sceaux, un manuscrit intitulé : *Lettres d'un Voyageur* ; & je n'y ai rien trouvé qui m'ait paru devoir en empêcher l'impression. A Paris, ce 1 Février 1788. *Signé*, le Chevalier DE GAIGNE.

PRIVILEGE DU ROI.

LOUIS, par la grace de Dieu, Roi de France & de Navarre : A nos amés & féaux Conseillers, les Gens tenans nos Cours de Parlement, Maîtres des Requêtes ordinaires de notre Hôtel, Grand-Conseil, Prevôt de Paris, Baillifs, Sénéchaux, leurs Lieutenans Civils, & autres nos Justiciers qu'il appartiendra : SALUT. Notre amé le Sieur DE BURE, Libraire, Nous a fait exposer qu'il désireroit faire imprimer & donner au Public un Ouvrage intitulé, *Lettres d'un Voyageur, par M.* s'il nous plaisoit lui accorder nos Lettres de Permission pour ce nécessaires. A CES CAUSES, voulant favorablement traiter l'Exposant, Nous lui avons permis & permettons par ces Présentes, de faire imprimer ledit Ouvrage autant de fois que bon lui semblera, & de faire vendre & débiter par tout notre Royaume, pendant le tems de cinq années consécutives, à compter du jour de la date des Présentes. Faisons défenses à tous Imprimeurs, Libraires & autres personnes, de quelque qualité & condition qu'elles soient, d'en introduire d'impression étrangere dans aucun lieu de notre obéissance ; à la charge que ces Présentes seront enregistrées tout au long sur le Registre de la Communauté des Imprimeurs & Libraires de Paris, dans trois mois de la date d'icelles ; que l'impression dudit Ouvrage sera faite dans notre Royaume, & non ailleurs, en beau papier & beaux caracteres; que l'impétrant se conformera en tout aux réglemens de la Librairie, & notamment à celui du 10 Avril 1725, & à l'Arrêt du Conseil du 30 Août 1777, à peine de déchéance de la présente Permission; qu'avant de l'exposer en vente, le Manuscrit qui aura servi de copie à l'impression dudit ouvrage, sera remis dans le même état où l'Approbation aura été donnée, ès-mains de notre très-cher & féal Chevalier, Garde des Sceaux de France, le Sieur DE LAMOIGNON, Commandeur de nos Ordres; qu'il en sera ensuite remis deux Exemplaires dans notre Bibliotheque publique, un dans celle de notre très-cher & féal Chevalier, Chancelier de France, le sieur DE MAUPEOU, & un dans celle de notre Château du Louvre, & un dans celle dudit sieur DE LAMOIGNON; le tout à peine de nullité des Présentes: du contenu desquelles vous mandons & enjoignons de faire jouir ledit Exposant & ses Ayans-cause, pleinement & paisiblement, sans souffrir qu'il leur soit fait aucun trouble ou empêchement. Voulons que la copie des Présentes qui sera imprimée tout au long au commencement ou à la fin dudit Ouvrage, foi soit ajoutée comme à l'original. Commandons au premier notre Huissier ou Sergent sur ce requis, de faire pour l'exécution d'icelles, tous actes requis & nécessaires, sans demander autre permission, & nonobstant clameur de Haro, Charte Normande & Lettres à ce contraires: Car tel est notre plaisir. Donné à Versailles, le vingt-troisieme jour du mois de Juillet, l'an de grace mil sept cent quatre-vingt huit, & de notre Regne le quinzieme. Par le Roi en son Conseil.

Signé, LE BEGUE.

Registré sur le Registre XXIV de la Chambre Royale & Syndicale des Libraires & Imprimeurs de Paris, N°. 127., fol 10, conformément aux Dispositions énoncées dans la présente Permission, &c. A Paris, le 29 Juillet 1788.

Signé, KNAPEN, Syndic.